우리 아이 빵빵 시리즈 16

바로 알고, 바로 쓰는
빵빵한 어린이 초성퀴즈 2
우주과학편

글/그림 | 박빛나

U&B
유앤북

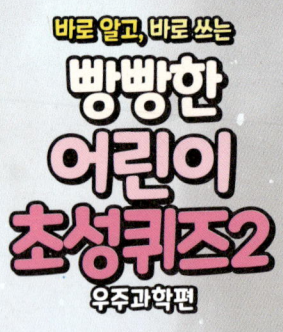

바로 알고, 바로 쓰는
빵빵한 어린이 초성퀴즈2
우주과학편

| 초판 1쇄 인쇄 | 2025년 6월 23일 |
| 초판 1쇄 발행 | 2025년 6월 23일 |

글·그림 | 박빛나
펴낸이 | 안대준
펴낸곳 | 유앤북
등 록 | 제 2022-000002호
주 소 | 서울시 중구 필동로 8길 61-16, 4층
전 화 | 02-2274-5446
팩 스 | 0504-086-2795

ISBN 979-11-988530-3-5
ISBN 979-11-977525-0-6 74700 (세트)

※ 이 책의 저작권은 〈유앤북〉에 있습니다. 저작권법에 의해 보호를 받는 저작물이므로
  무단 전제와 복제를 금합니다.
※ 잘못된 책은 〈유앤북〉에서 바꾸어 드립니다.
※ 본 도서에는 Freepik.com에서 제공하는 무료 이미지가 포함되어 있으며,
  해당 이미지는 라이선스 조건을 준수하여 사용되었습니다.
※ 여러분의 소중한 원고를 기다립니다. you_book@naver.com

우리 아이 빵빵 시리즈 16

바로 알고, 바로 쓰는

빵빵한 어린이 초성퀴즈 2
우주과학편

1. 밤하늘에 숨겨진 우주의 비밀!
2. 처음 만난 태양계 친구들!
3. 별도 태어나고 죽는다고?
4. 보이지 않아도 다 보여!

U&B
유앤북

머리말

만화로 배우는 신나는 우주 탐험!
『빵빵한 어린이 초성퀴즈2 우주과학편』

"별자리부터 블랙홀까지, 우주의 모든 비밀을 만화로 풀어낸 과학 탐험서!"

아이들이 우주라는 거대한 세계를 쉽고 재미있게 이해할 수 있도록 쓰여졌으며, 캐릭터들의 유쾌한 대화와 생동감 넘치는 그림으로 우주과학의 핵심 개념을 전달합니다. 퀴즈 형식의 스토리텔링을 통해 호기심을 자극하고, 자연스럽게 천문학 지식을 습득할 수 있도록 구성되었어요.

『빵빵한 어린이 초성퀴즈2 우주과학편』은

■ 눈으로 보고, 캐릭터와 함께 배우는 우주과학
별자리, 행성, 은하, 블랙홀 등 복잡한 우주 개념을 만화로 쉽게 설명합니다.
"묘한이"와 친구들의 대화를 따라가며 마치 우주여행을 하는 듯한 경험을 할 수 있어요.

■ 재미있는 초성퀴즈와 복습 ○ × 퀴즈
각 장마다 등장하는 초성 퀴즈가 아이들의 도전 정신을 자극합니다.
예) "태양계에서 가장 큰 행성은? ㅁㅅ" → 목성!

■ 교과 연계 학습으로 학교 공부까지 잡는 일석이조 효과
초등 과학 3~6학년 천체 단원과 연계된 내용을 다룹니다.
지구의 자전·공전, 별의 진화 과정, 우주 탐사 기술 등 핵심 개념을 체계적으로 정리했습니다.

■ 상상력과 호기심을 키워주는 우주 이야기
"외계인은 있을까?", "우주의 끝은 어디일까?" 같은 질문을 통해 아이들의 창의적 사고를 확장시킵니다. 실제 NASA의 최신 발견도 소개하며 최신 과학 트렌드까지 알려줍니다.

이런 아이들에게 추천해요!

- 별자리와 행성에 관심이 많은 어린이
- 과학 교과서가 어렵게 느껴지는 초등학생
- 호기심 많고 질문이 끊이지 않는 탐구형 아이
- 만화로 재미있게 공부하는 걸 좋아하는 모든 친구들

우주는 우리가 상상하는 것보다 훨씬 놀라워요! 이 책과 함께라면 누구나 우주 과학자가 될 수 있습니다.

지금 바로 『빵빵한 어린이 초성퀴즈2 우주과학편』을 펼치면, 지구 밖 광활한 우주가 아이들의 손끝에서 빛나기 시작할 거예요!

박 빛 나

「빵빵한 어린이 초성퀴즈2 우주과학편」 내용 소개

"만화로 배우는 우주과학의 모든 것!
별자리부터 블랙홀까지 신비로운 여행"

1. 캐릭터들과 함께하는 스토리텔링 학습

주인공 "묘한이"와 친구들(마리, 별이, 그리 등)이 우주를 탐험하며 펼치는 대화 형식으로 우주과학을 설명합니다.
- 예시 장면 : "지구는 왜 둥글까?" → 자전과 중력의 원리를 친구들끼리 토론하며 배웁니다.
- 학습 효과 : 캐릭터들의 생동감 있는 표현이 복잡한 개념을 쉽게 각인시켜 줍니다.

2. 체계적인 우주 지식 레이어

총 4개의 대주제로 우주과학을 단계별로 탐구합니다.

① "밤하늘의 비밀: 별자리와 태양계"
별자리의 유래, 황도 12궁, 지구의 계절 변화 등을 배웁니다.
활동 페이지: 내 생일 별자리 찾기, 북극성으로 방향 맞추기.

② "태양계 대모험: 행성의 특징"
금성의 이산화탄소 폭풍, 토성의 고리, 해왕성의 청록색 비밀 등 8개 행성의 특징을 비교합니다.
퀴즈: "태양계에서 가장 뜨거운 행성은? (힌트: ㄱㅅ)" → 정답: 금성 (온실효과 설명).

③ "별의 일생: 탄생에서 죽음까지"
성운 → 적색거성 → 초신성 → 블랙홀 과정을 삽화로 쉽게 설명.
팩트: "백색왜성 한 스푼 = 코끼리 1마리 무게!" (밀도 이해).

④ "우주 탐사 기술: 보이지 않는 것도 본다!"
허블 망원경, 중력렌즈, 암흑물질 등 최신 천문학 이론을 소개.

3. 아이들이 좋아하는 참여형 콘텐츠

초성 퀴즈: 매 페이지마다 숨은 단어를 맞추며 집중력 향상.
예) "ㅂㄹㅎ = 블랙홀", "ㅇㅎㅁㅈ = 암흑물질".
OX 퀴즈: "태양은 돌로된 딱딱한 항성이다. O / X" → 정답: X (광구 층 설명).

4. 교육적 효과

학습 영역	세부 내용	연계 교과
과학	행성의 구성, 별의 진화, 중력 법칙	초등 3~6학년 과학
수학	광년 계산, 행성 크기 비교	측정과 단위
사회	우주 탐사의 역사, 과학자 이야기	과학 기술의 발전
창의력	외계 생명체 상상하기, 우주 정거장 설계	융합 사고력

이 책이 특별한 이유

- 말풍선 속 과학: 캐릭터들의 대화로 지루함 없이 자연스럽게 학습.

- 현실과 연결: NASA의 실제 사진(예: 토성 고리, 초신성 잔해)을 참고로 그려 넣어 실감 나는 이해.

- 꼬리에 꼬리를 무는 질문: 아이들이 책을 덮은 후에도 스스로 탐구하게 만드는 호기심 유발.

- 우주는 아이들에게 무한한 상상력의 문을 엽니다. 이 책이 그 문을 여는 첫 번째 열쇠가 될 거예요!

우주과학편

I

밤하늘에 숨겨진 우주의 비밀!

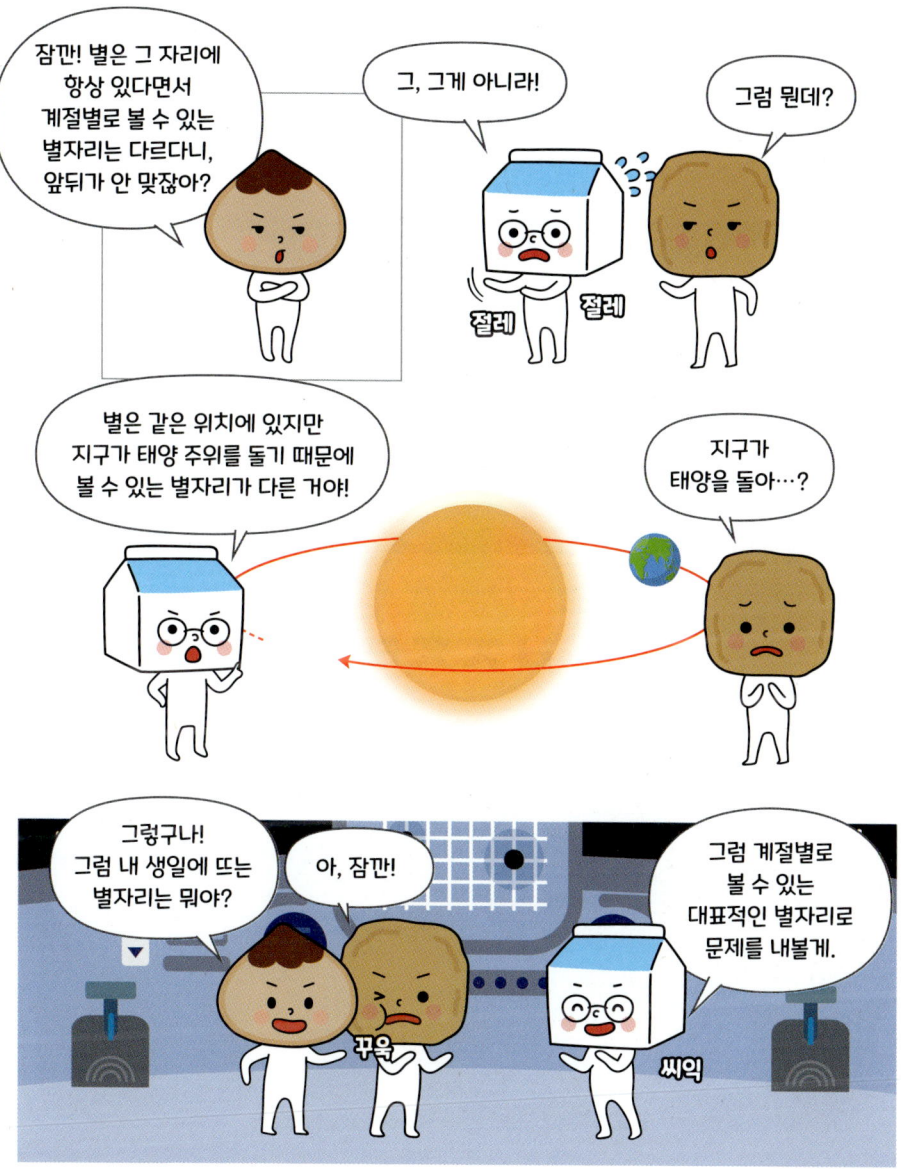

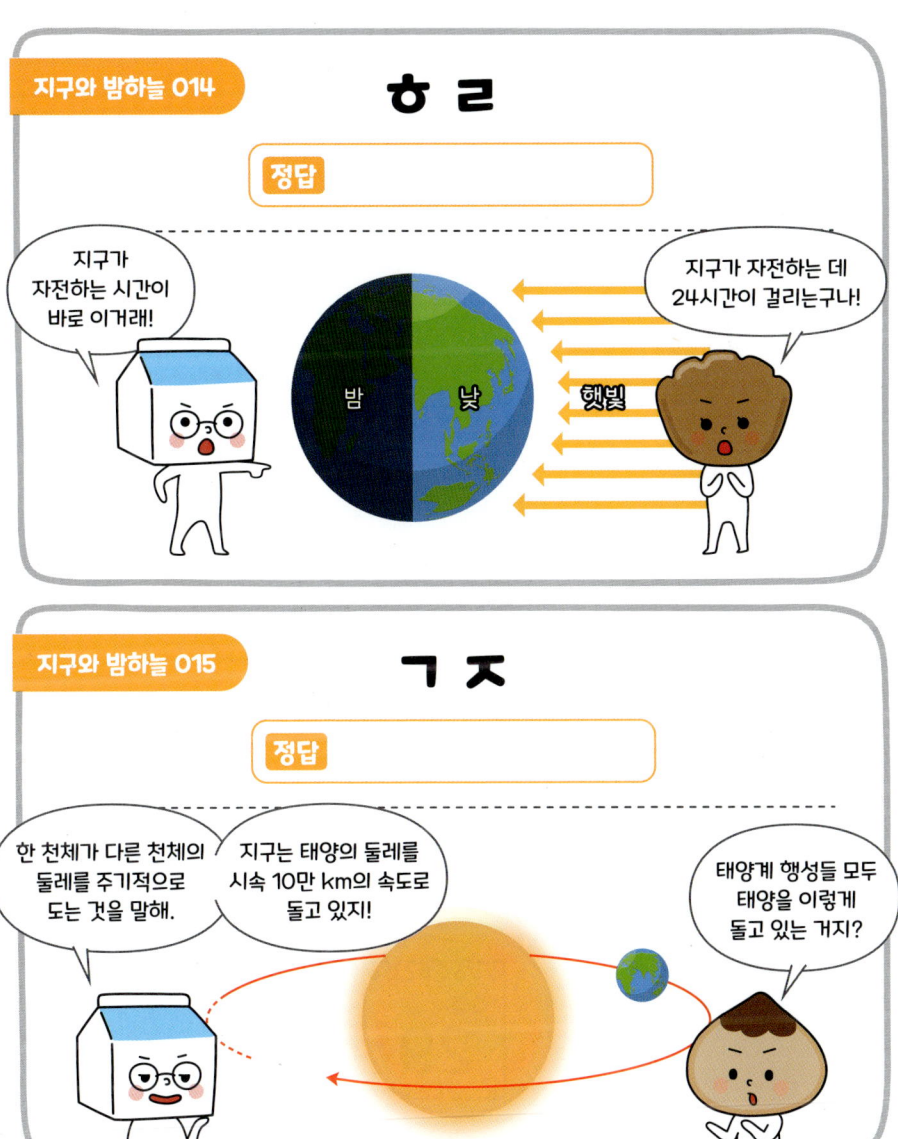

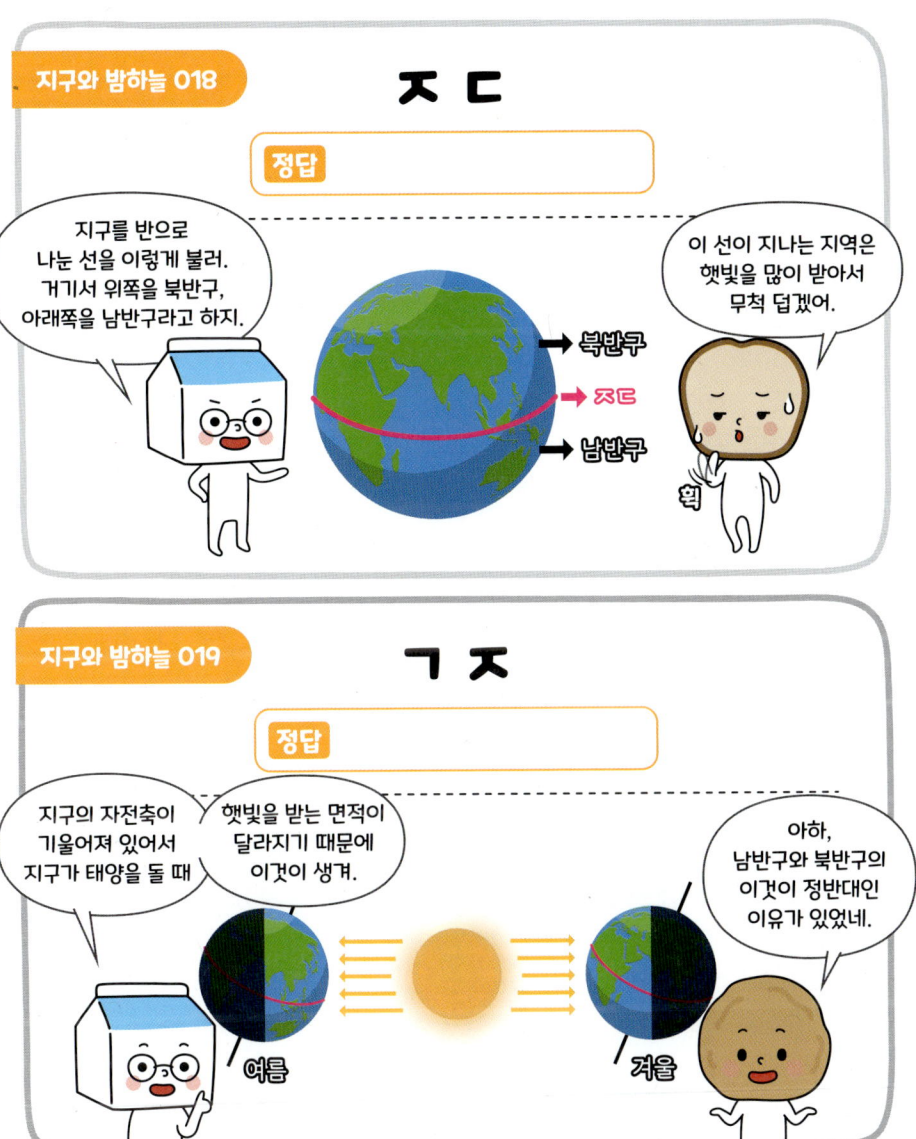

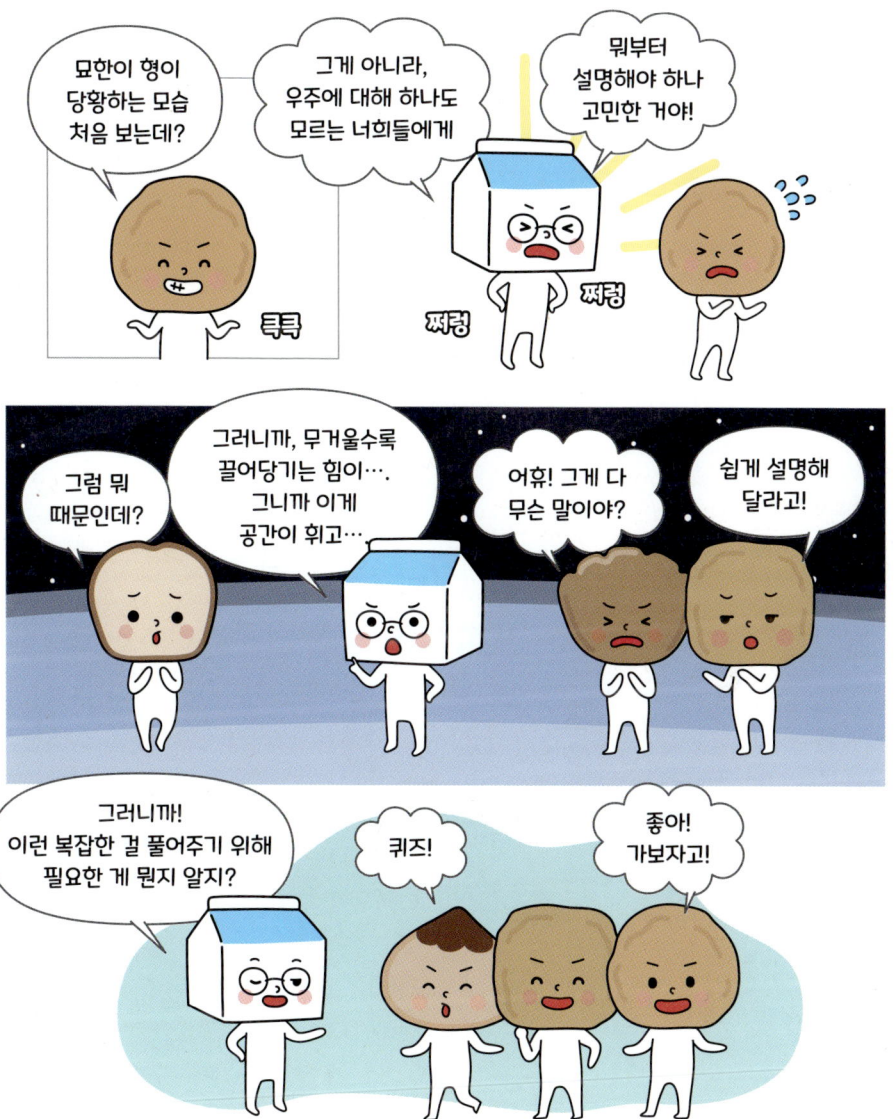

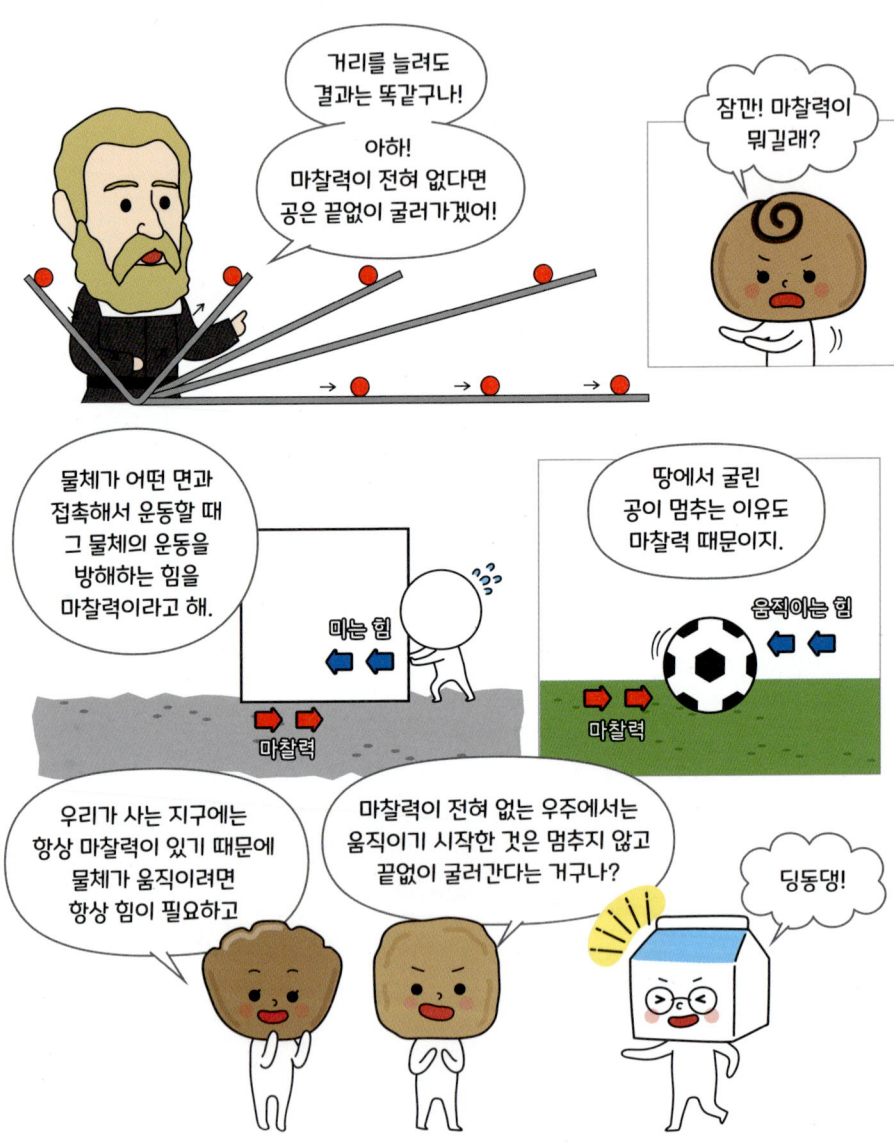

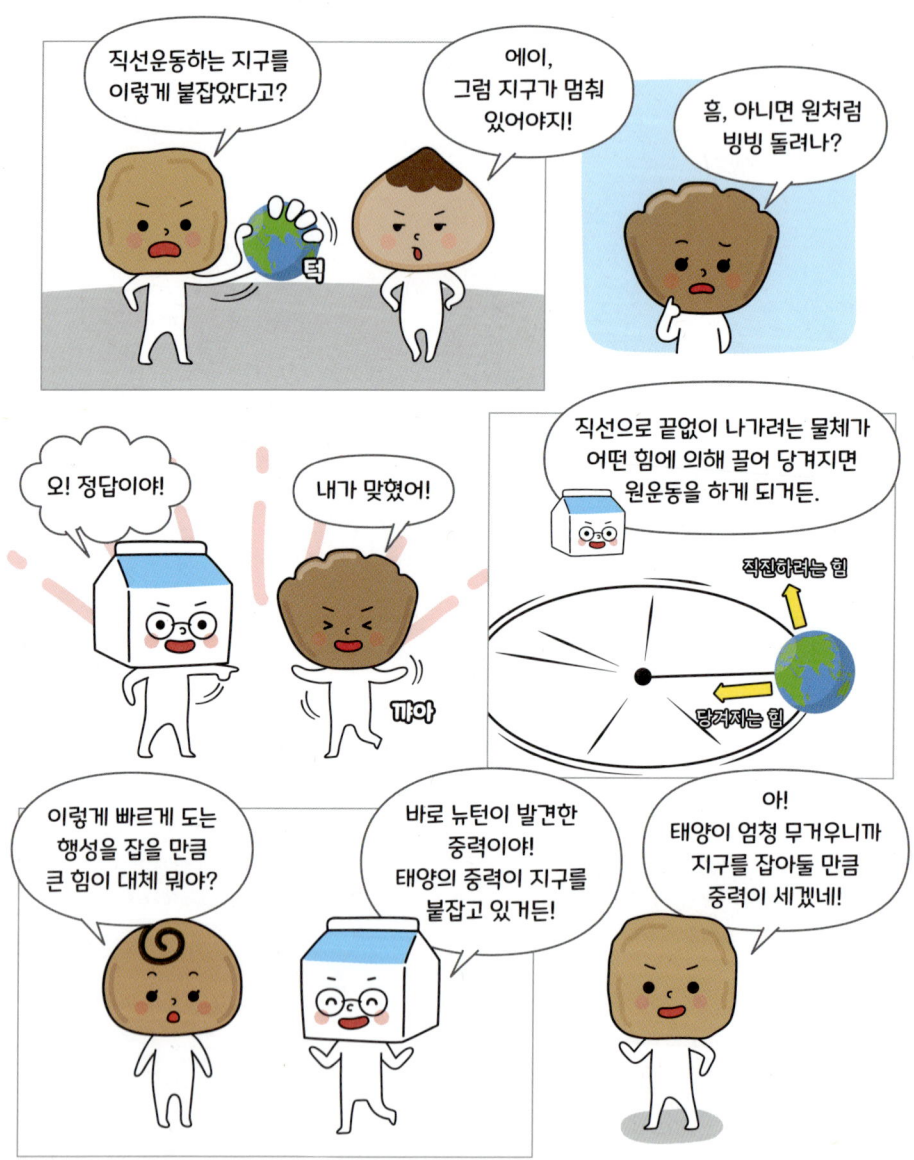

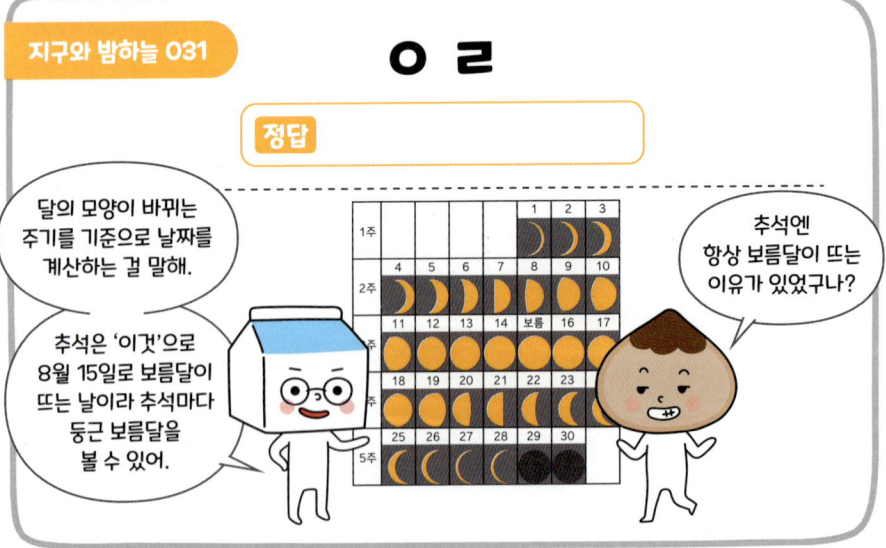

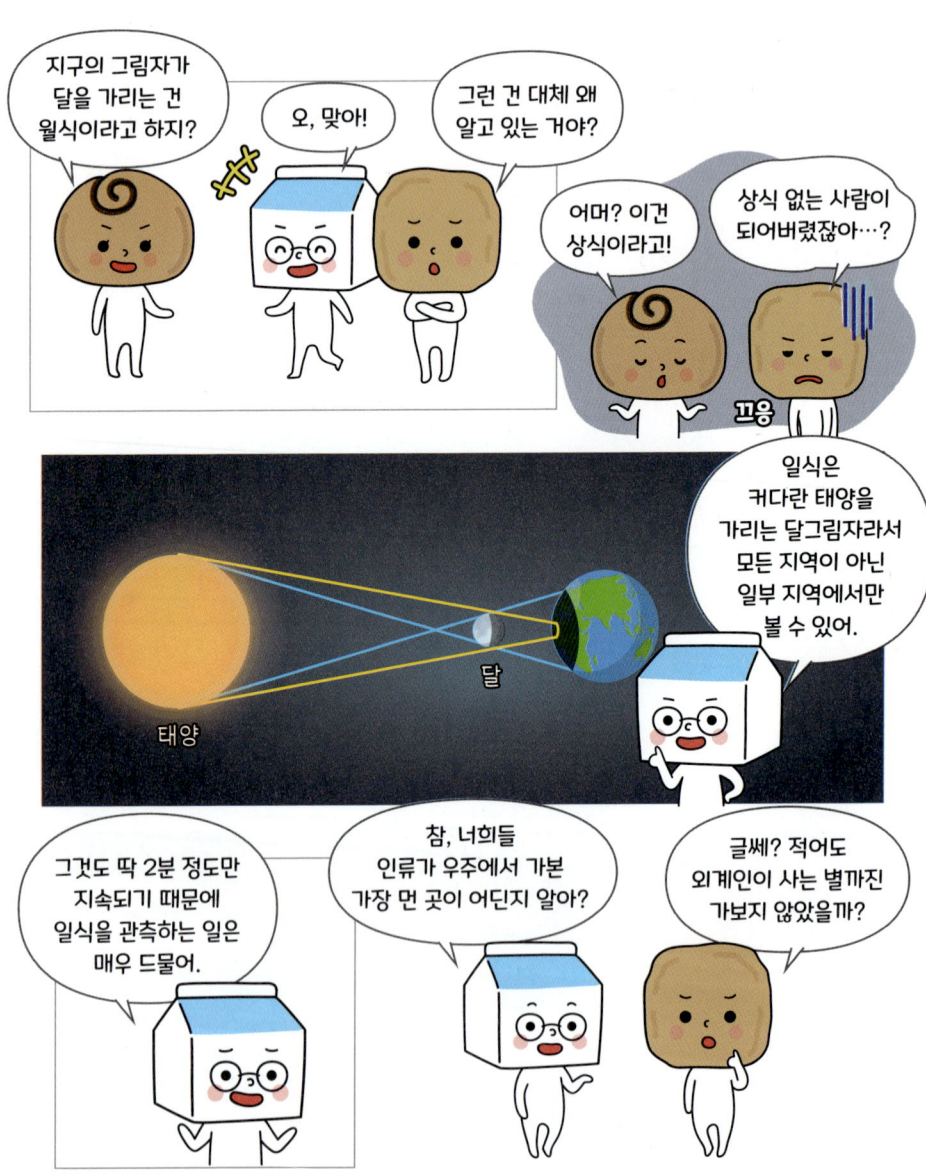

복습 OX퀴즈

문제가 어려웠다면 복습해 봐!

보너스 퀴즈 001

별자리는 계절마다 보이는 모양이 달라진다.

보너스 퀴즈 002

사자자리는 여름에만 보인다.

보너스 퀴즈 003

별들은 밤마다 자리를 바꾼다.

정답 001 : O 002 : X 003 : X (사자자리는 매우 자정에 보이는 것)

보너스 퀴즈 004

별자리는 우주에서 가까이 모여 있는 별들로 만들어진다.

보너스 퀴즈 005

지구를 중심으로 하늘이 돌고 있다.

보너스 퀴즈 006

천체망원경으로 우주를 관측한 사람은 갈릴레이다.

정답 004 : X (별자리는 멀리 떨어져 있음) 005 : X 006 : O

보너스 퀴즈 007

갈릴레이는 행성의 공전 궤도를 밝혀냈다.

보너스 퀴즈 008

지구는 자전을 하면서 하루를 만든다.

보너스 퀴즈 009

지구는 1년에 한 바퀴 자전을 한다.

X : 600   O : 800   X : 700   정답

보너스 퀴즈 010

계절은 지구의 공전에 의해 만들어진다.

보너스 퀴즈 011

지구의 자전 방향 때문에 태양은 동쪽에서 뜨는 것처럼 보인다.

보너스 퀴즈 012

지구의 공전주기는 정확히 365일이다.

정답 010 : O   011 : O   012 : X

보너스 퀴즈 013

질량을 가진 물체는 중력을 가진다.

보너스 퀴즈 014

한번 움직인 물체는 마찰력이 전혀 없으면 멈추지 않는다.

보너스 퀴즈 015

사과가 떨어지는 것을 보고 중력을 발견한 물리학자는 케플러이다.

정답 013 : O   014 : O (관성의 법칙이며 뉴턴의 법칙이다)   015 : X

보너스 퀴즈 016

달은 지구 주위를 돌고 있다.

보너스 퀴즈 017

달의 뒷면은 지구에서는 볼 수 없다.

보너스 퀴즈 018

달은 스스로 빛을 낸다.

보너스 퀴즈 019

달이 왼쪽에만 햇빛을 받으면 초승달이 된다.

보너스 퀴즈 020

지구의 그림자가 달을 가리는 현상을 일식이라고 한다.

보너스 퀴즈 021

인공위성은 지구를 돌고 있다.

보너스 퀴즈 022

인공위성은 모두 사람이 타고 있는 우주선이다.

보너스 퀴즈 023

인공위성은 TV 방송, 기상 관측, 내비게이션 등에 사용된다.

보너스 퀴즈 024

인공위성 중 내비게이션 기능을 도와주는 위성을 GPS라고 한다.

정답 022 : X   023 : O   024 : O

2
처음 만난 태양계 친구들!

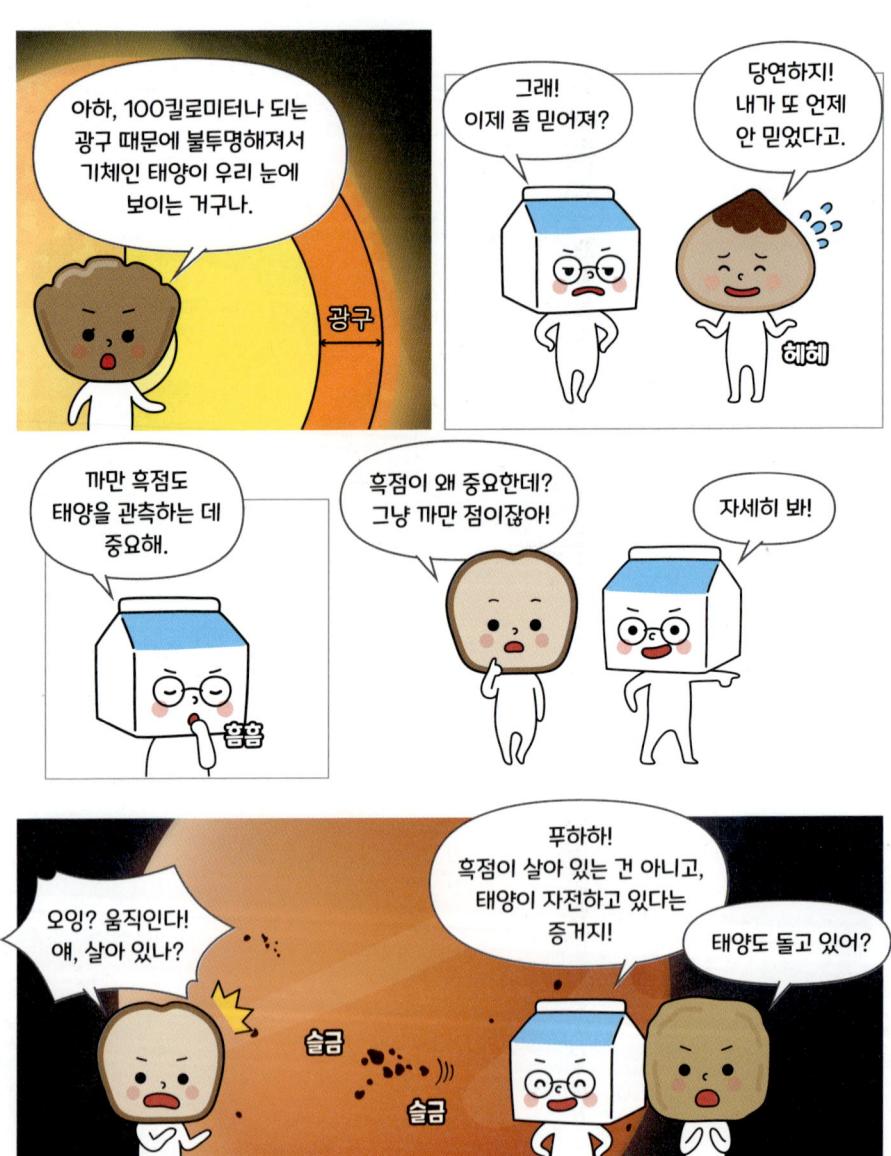

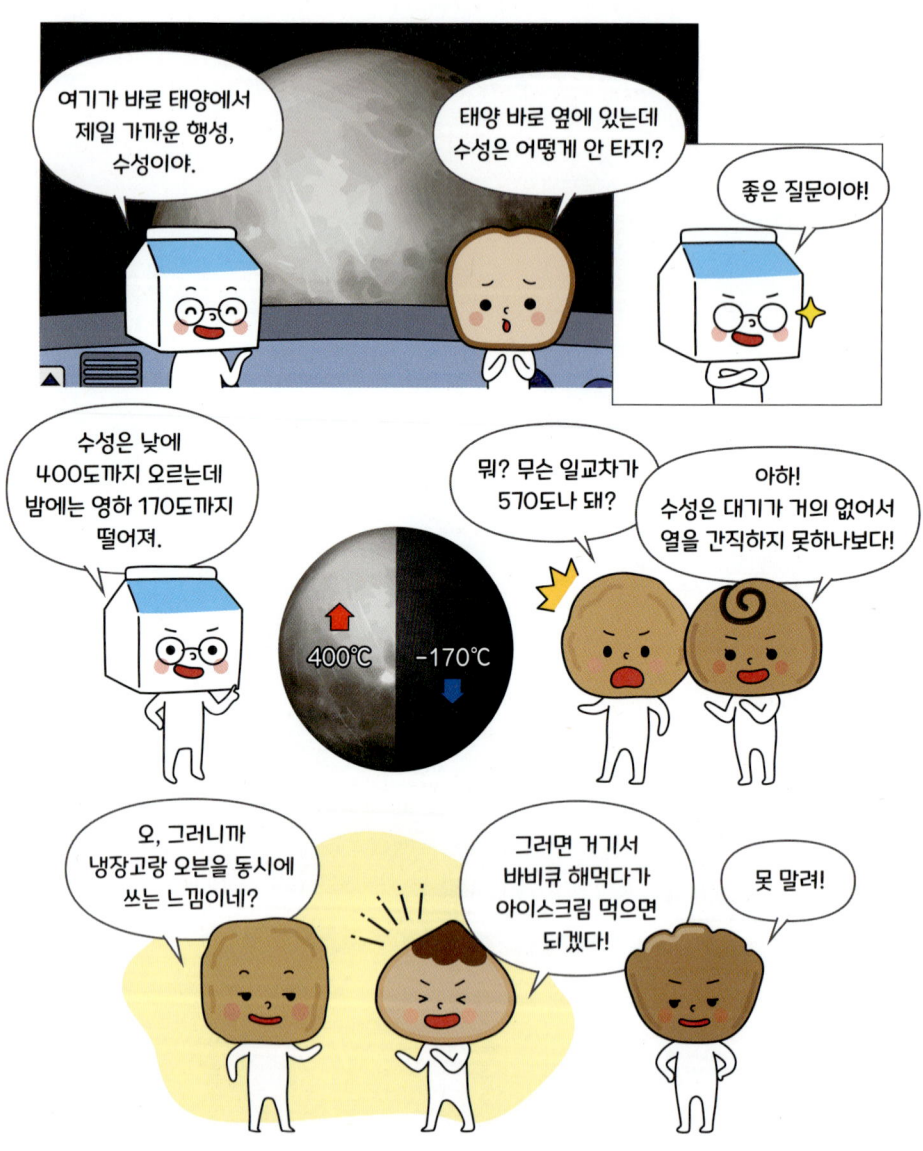

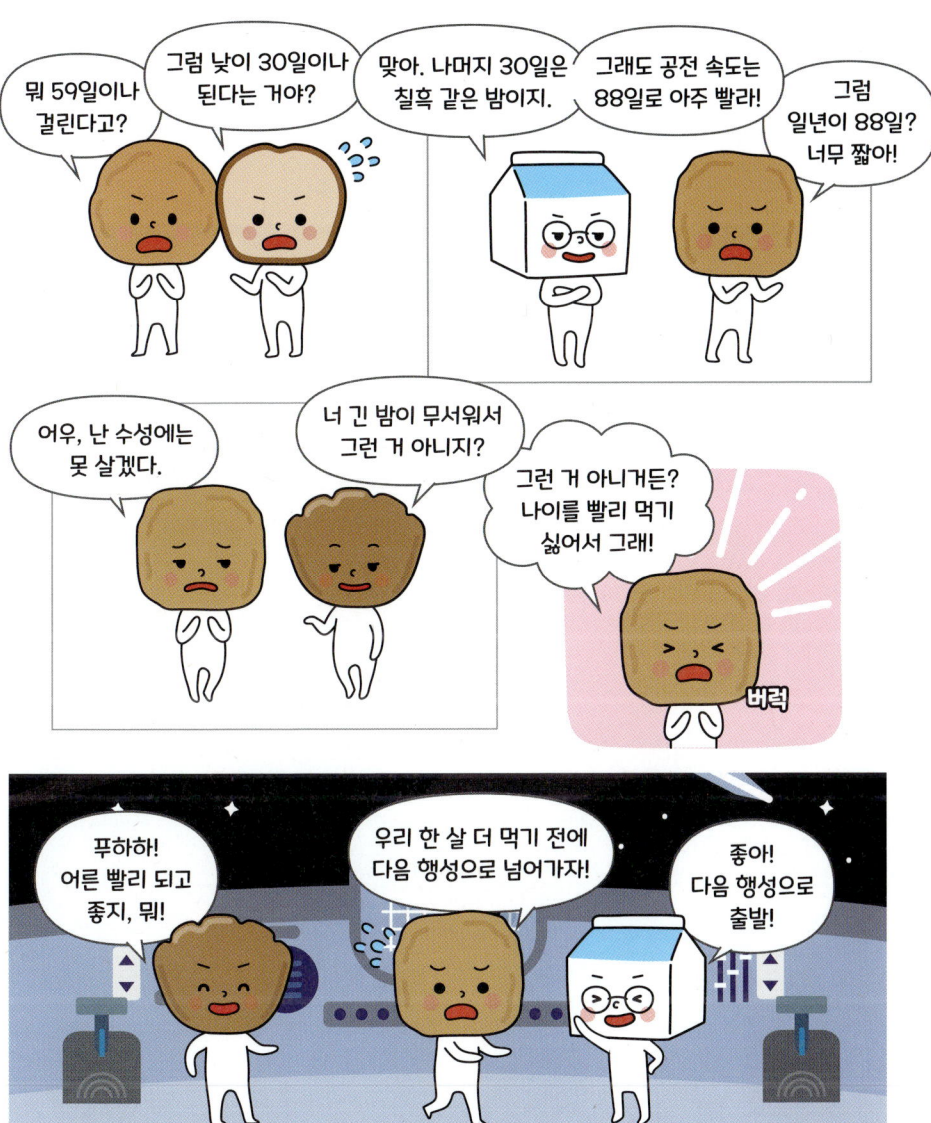

태양계 055

ㄱ ㅅ

정답

"이 행성은 밝게 빛나 샛별이라고도 불러."

"금색 빛이 너무 아름답다."

"저 금색 빛의 비밀은 바로 이산화탄소야! 이산화탄소로 이루어진 두꺼운 대기를 가지고 있어 아주 뜨거운 행성이지!"

정답 055 : 금성

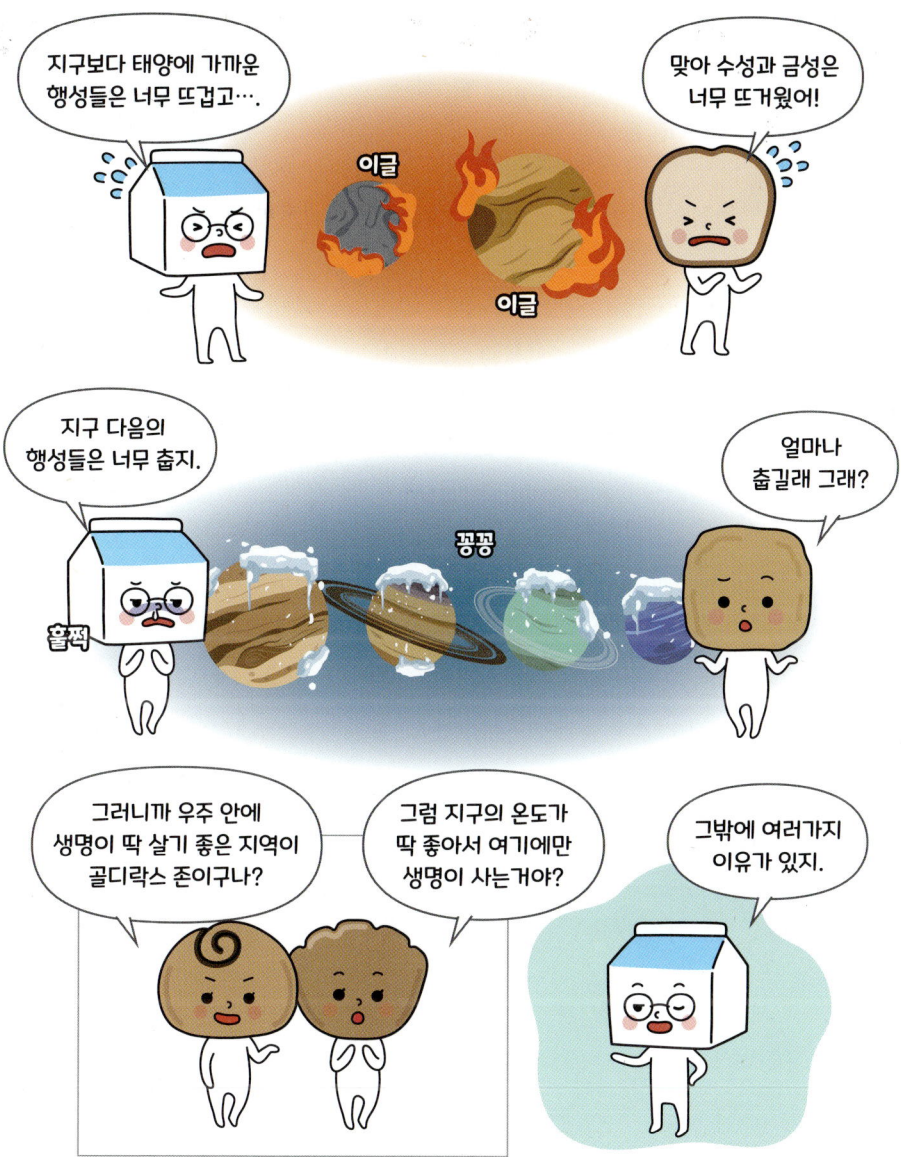

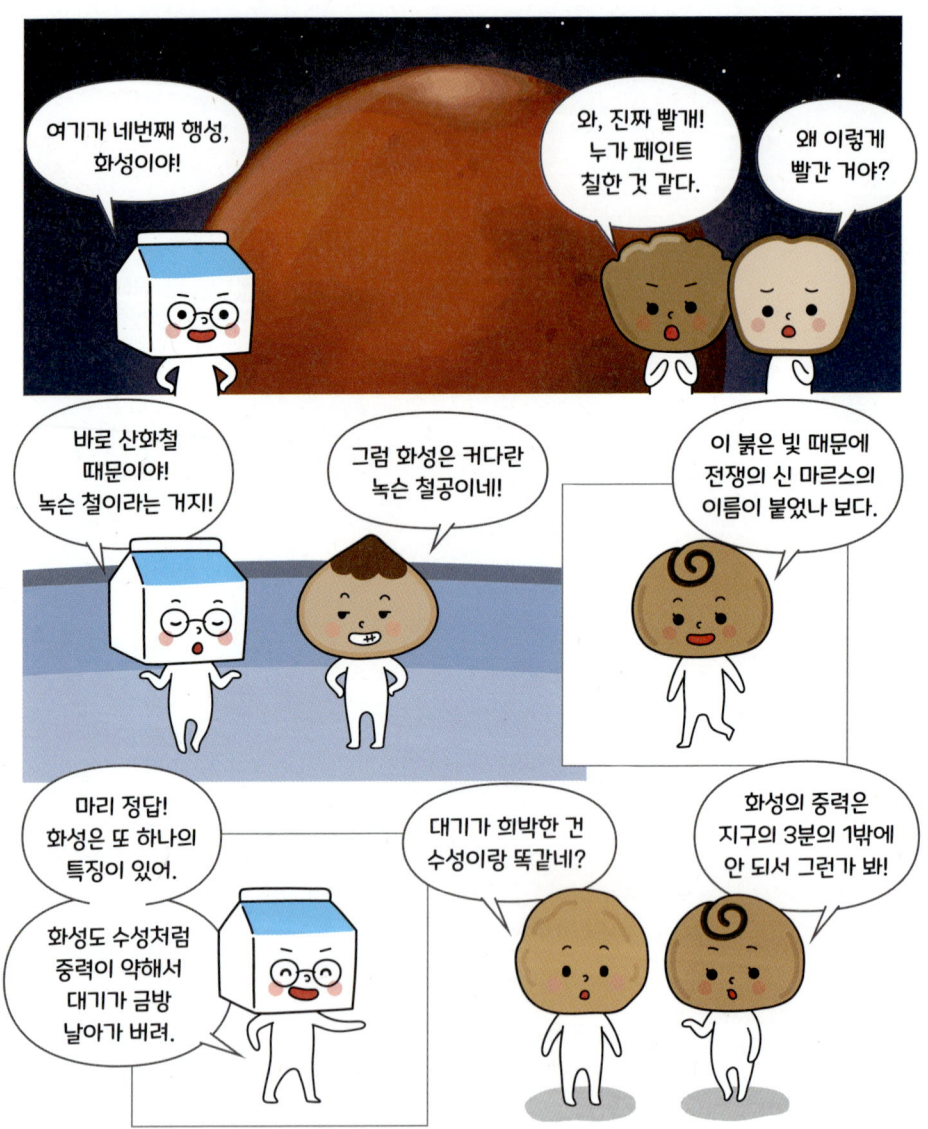

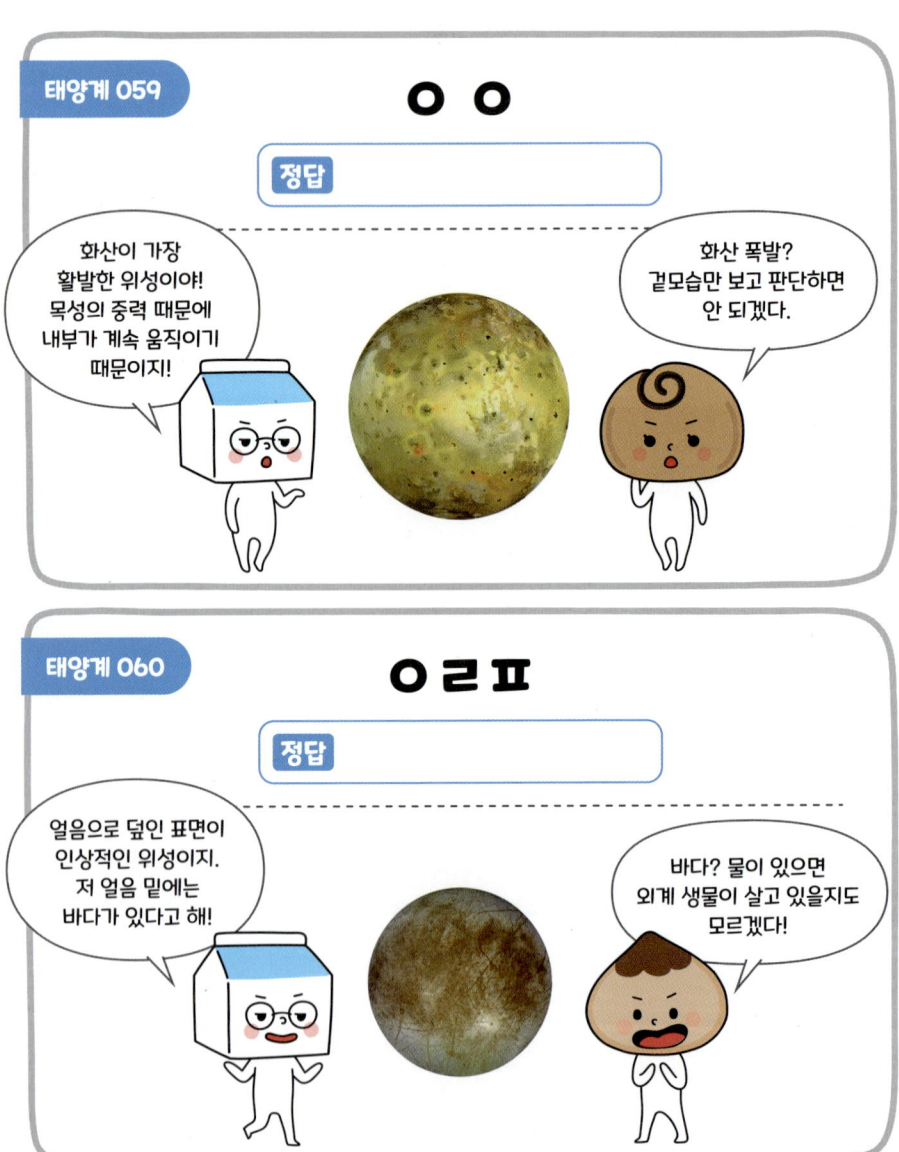

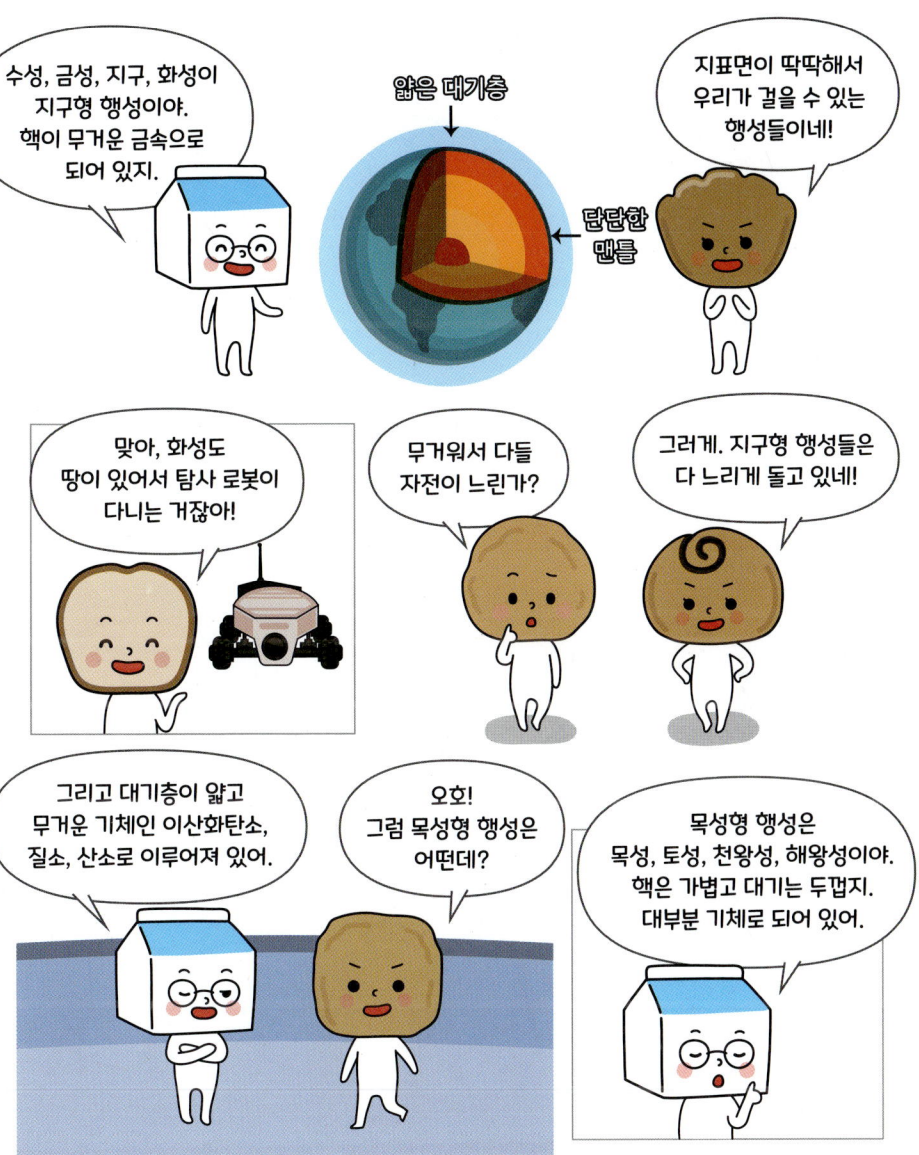

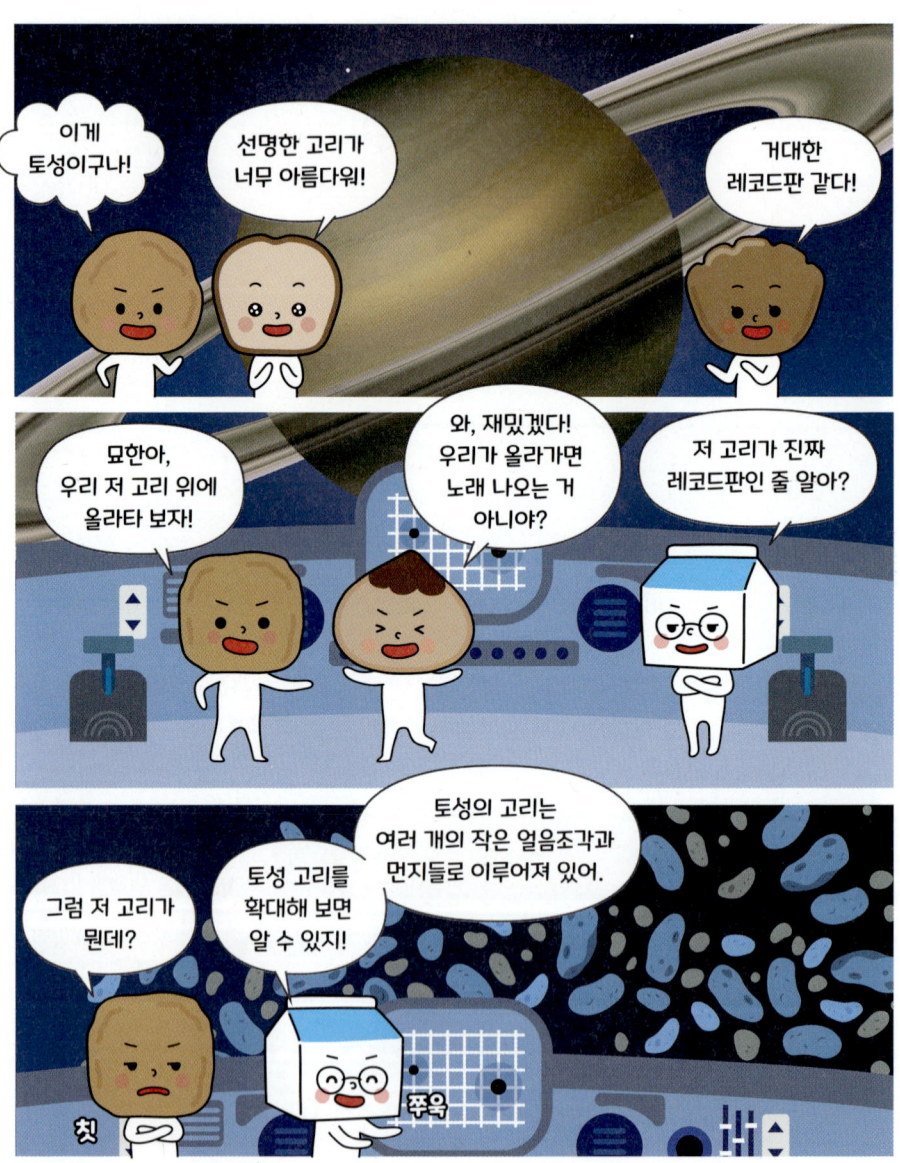

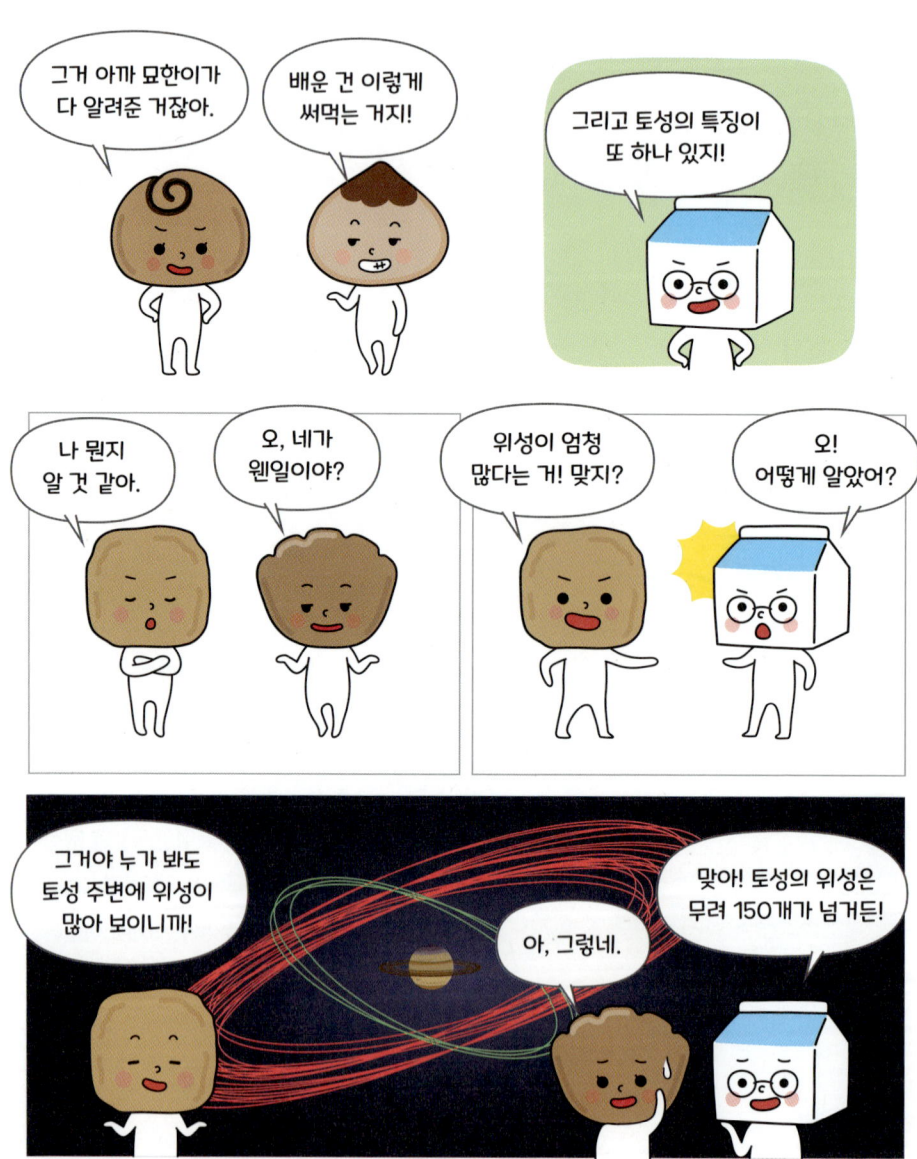

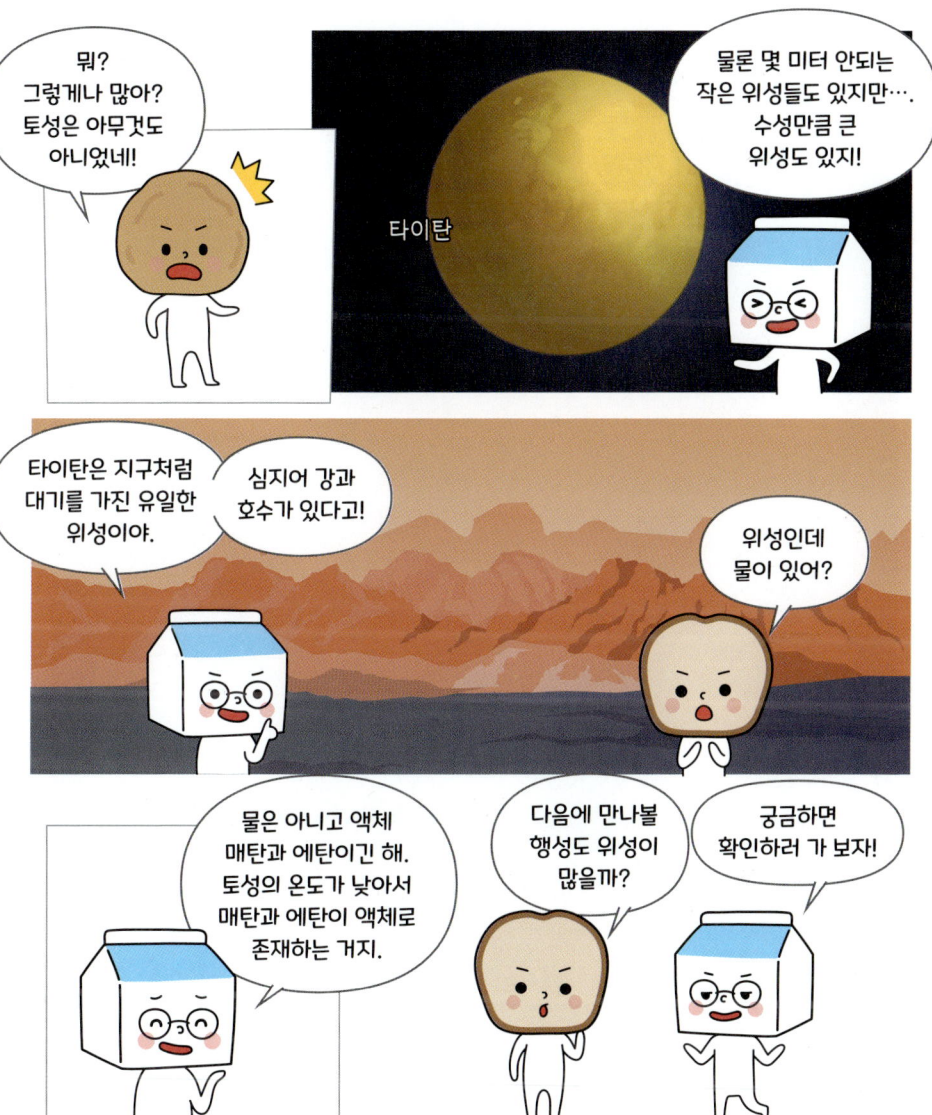

태양계 064

ㅊㅇㅅ

정답

와! 지구만큼 푸른 행성이다!

흐릿하지만 고리도 보여! 그런데 고리가 세로로 서 있네?

이 행성은 누워서 자전하는 게 특징이야!

천왕성 : t90

태양계 065

ㅎ ㅇ ㅅ

정답

태양계 마지막 행성이야.

암모니아, 물, 황화수소, 암모니아, 메탄과 같은 기체가 얼음 형태로 이루어져 있지.

천왕성이랑 비슷하게 생겼다.

그럼 얼음 행성이네!

정답 : 065 해왕성

복습 OX퀴즈

문제가 어려웠다면 복습해 봐!

보너스 퀴즈 025

태양을 중심으로 돌고 있는 모든 천체를 태양계라 부른다.

보너스 퀴즈 026

우주에 존재하는 동그란 물질 덩어리를 천체라고 부른다.

보너스 퀴즈 027

둥근 모양이지만 중력이 충분하지 않으면 행성이 될 수 없다.

정답 025 : O   026 : X   027 : O

보너스 퀴즈 028

태양 주위에서 공전하며 긴 꼬리를 가진 천체는 유성이다.

보너스 퀴즈 029

소행성보다 작은 천체가 지구에 떨어지면 유성이 된다.

보너스 퀴즈 030

유성이 대기에서 다 타지 않고 땅에 떨어진 것이 운석이다.

정답 028 : X   029 : O   030 : O

보너스 퀴즈 031

태양은 돌로 된 딱딱한 항성이다.

보너스 퀴즈 032

흑점으로 태양의 자전을 확인할 수 있다.

보너스 퀴즈 033

태양은 하루 24시간 동안만 빛을 낸다.

정답 031 : X 032 : O 033 : X (태양은 계속해서 빛을 낸다.)

보너스 퀴즈 034

태양의 에너지는 핵융합 반응을 통해 생성된다.

보너스 퀴즈 035

태양과 가장 가까운 행성은 금성이다.

보너스 퀴즈 036

태양계에서 지구에만 생명이 살고 있다.

정답: 034: O, 035: X, 036: O

보너스 퀴즈 037

골디락스존은 우주에서 생명체가 살 수 없는 구역을 말한다.

보너스 퀴즈 038

화성에 직접 가서 사진을 찍는 탐사선이 있다.

보너스 퀴즈 039

화성에는 물이 흐른 흔적이 있다.

 037 : X   038 : O   039 : O

보너스 퀴즈 040

태양계에서 가장 큰 위성은 목성의 위성인 가니메데이다.

보너스 퀴즈 041

태양계에서 가장 큰 행성은 토성이다.

보너스 퀴즈 042

지구형 행성은 얇은 대기층과 단단한 맨틀을 가지고 있다.

보너스 퀴즈 043

목성형 행성은 자전이 느리고 고리가 있다.

보너스 퀴즈 044

금성은 목성형 행성이다.

보너스 퀴즈 045

토성의 고리는 먼지와 얼음덩어리다.

정답 043 : X 044 : X 045 : O

보너스 퀴즈 046

천왕성은 누워서 자전한다.

보너스 퀴즈 047

태양계의 마지막 행성은 명왕성이다.

보너스 퀴즈 048

해왕성은 태양에서 가장 멀지만 온도는 아주 높은 행성이다.

정답 046 : O   047 : X   048 : X

3

별도 태어나고 죽는다고?

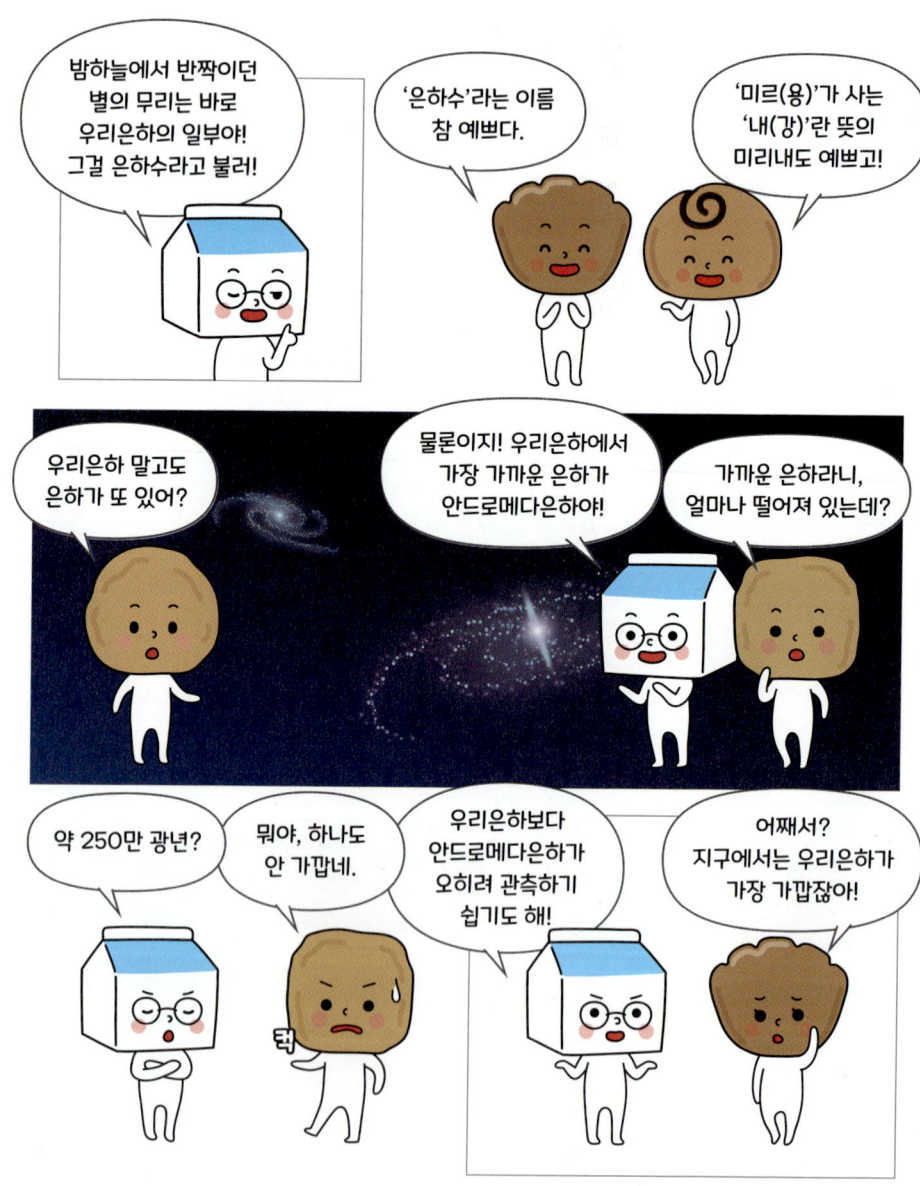

별의 일생 076

ㅂㅅㅇㅅ

정답

> 표면층을 방출하고 남은 물질이 압축되어 남은 별이지.

> 적색거성보다 훨씬 작아졌네!

정답 : 백색왜성

ㅈㅅㅊㄱㅅ

별의 일생 078

정답

질량이 큰 별이 죽으면 이것이 된다고 해. 반지름만 해도 태양의 수백 배가 넘어!

적색거성보다 훨씬 크네!

정답 : 적색초거성

별의 일생 079

大ㅅㅅ

정답

적색 초거성이 폭발하면서 일시적으로 아주 밝게 빛나는 현상을 말해.

빛이 너무 밝아서 새로운 별이 나타난 줄 알았어!

눈부셔!

유가수 : 6L0

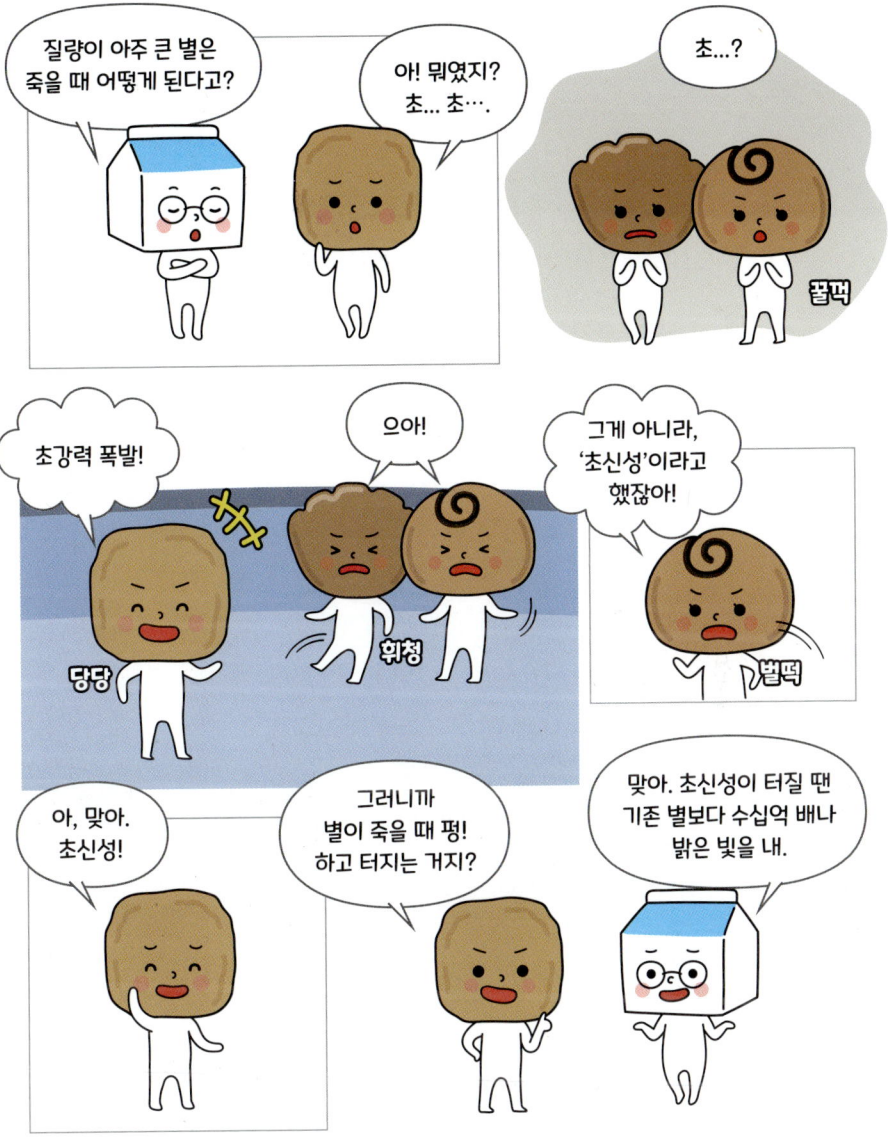

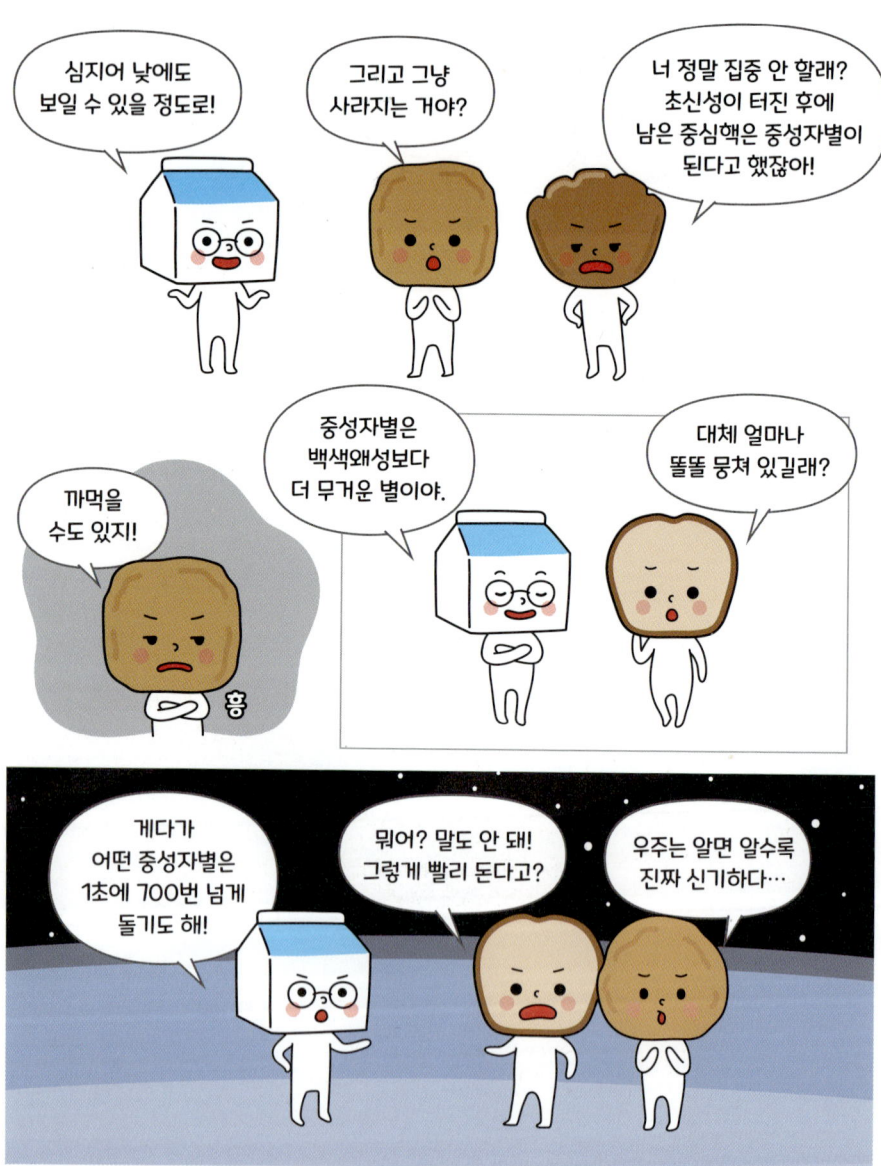

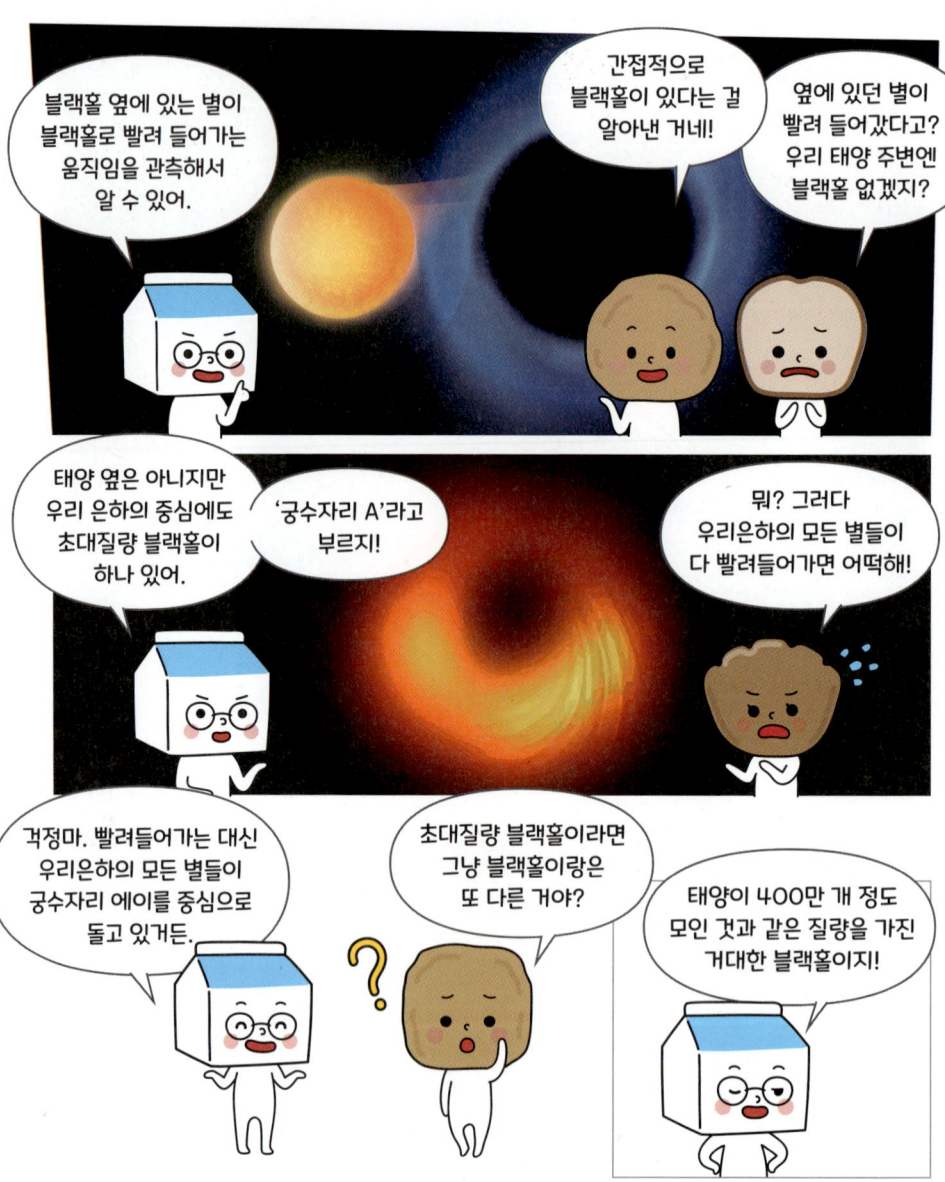

복습 OX퀴즈

문제가 어려웠다면 복습해 봐요!

보너스 퀴즈 049

우주를 이루는 기본 단위는 은하이다.

보너스 퀴즈 050

우리은하는 둥글고 납작한 원반 모양이다.

보너스 퀴즈 051

'은하수'는 별들이 모여 있는 우리은하의 모습을 의미한다.

정답 049 : O   050 : O   051 : O

보너스 퀴즈 052

미리내는 은하수를 뜻하는 한자어이다.

보너스 퀴즈 053

태양계는 우리은하 중심에 위치해 있다.

보너스 퀴즈 054

안드로메다은하는 우리은하와 가장 먼 은하이다.

정답 052 : X   053 : X   054 : X

보너스 퀴즈 055

성운은 별들이 태어나는 장소이자 가스와 먼지가 모여 있는 구름이다.

보너스 퀴즈 056

지구에서 볼 수 있는 성운 중 가장 크고 밝은 성운은 오리온성운이다.

보너스 퀴즈 057

성운은 나이가 비슷한 별들이 모여 있는 집단이다.

정답 055 : O   056 : O   057 : X

보너스 퀴즈 058

적색거성은 별이 나이가 많을수록 점점 작아지면서 차가워진다.

보너스 퀴즈 059

태양은 적색거성 단계에 있는 별이다.

보너스 퀴즈 060

백색왜성은 질량이 태양 정도지만 크기는 지구만한 별이다.

정답 058 : X   059 : X   060 : O

보너스 퀴즈 061

행성상 성운은 적색거성이 폭발하고 나온 찌꺼기이다.

보너스 퀴즈 062

별의 크기가 달라도 마지막 모습은 모두 똑같다.

보너스 퀴즈 063

적색초거성은 질량은 무겁지만 지름은 태양만하다.

정답 061 : O 062 : X 063 : X

보너스 퀴즈 064

초신성은 별이 죽을 때 폭발하면서 새로 태어난 별처럼 보이는 현상이다.

보너스 퀴즈 065

초신성 폭발 후 남은 잔해가 중성자별이 된다.

보너스 퀴즈 066

중성자별은 초신성 폭발 후 원자가 모두 짓눌려 형성된 별이다.

정답 064 : O 065 : X 066 : O

보너스 퀴즈 067

중성자별은 아주 작고 무겁지만 매우 빠르게 회전할 수 있다.

보너스 퀴즈 068

중성자별은 펄사라고 하는 광선을 뿜어낸다.

보너스 퀴즈 069

블랙홀은 모든 물질을 빨아들이는 구멍처럼 생긴 천체이다.

정답 067 : O 068 : O 069 : X (블랙홀은 강한 중력으로 주위 물질을 빨아들인다.)

보너스 퀴즈 070

중성자별보다 무거운 천체는 블랙홀이 된다.

보너스 퀴즈 071

블랙홀은 중력이 강해서 빛도 빠져나오지 못한다.

보너스 퀴즈 072

블랙홀은 망원경으로 쉽게 볼 수 있다.

정답 070 : O, 071 : O, 072 : X

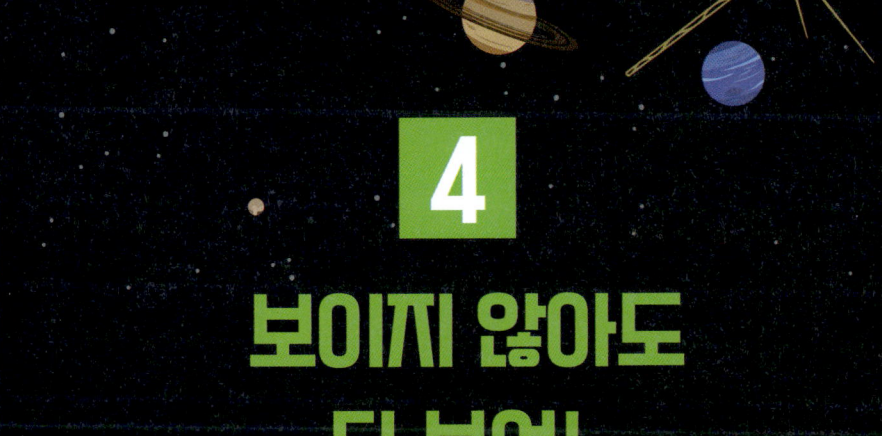

4

보이지 않아도 다 보여!

우주 관측 082

ㅇㅈㅍㅊ

> 정답

은하와 은하의 사이가 점점 멀어지는 것을 보고 이것을 발견했지!

우주가 가만히 있지 않고 점점 커지고 있네?

우주는 대폭발이 일어난 후 계속 팽창하고 있어!

정답 082 : 우주팽창

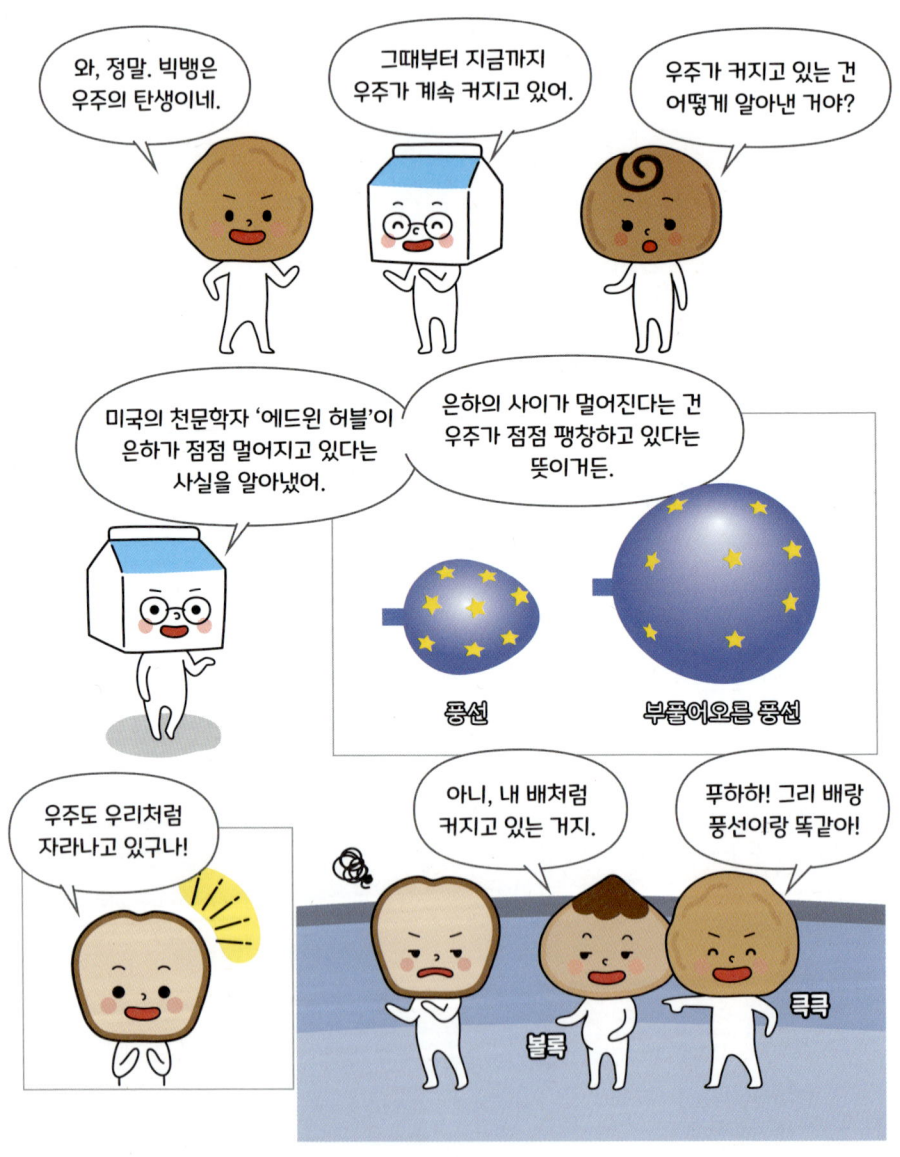

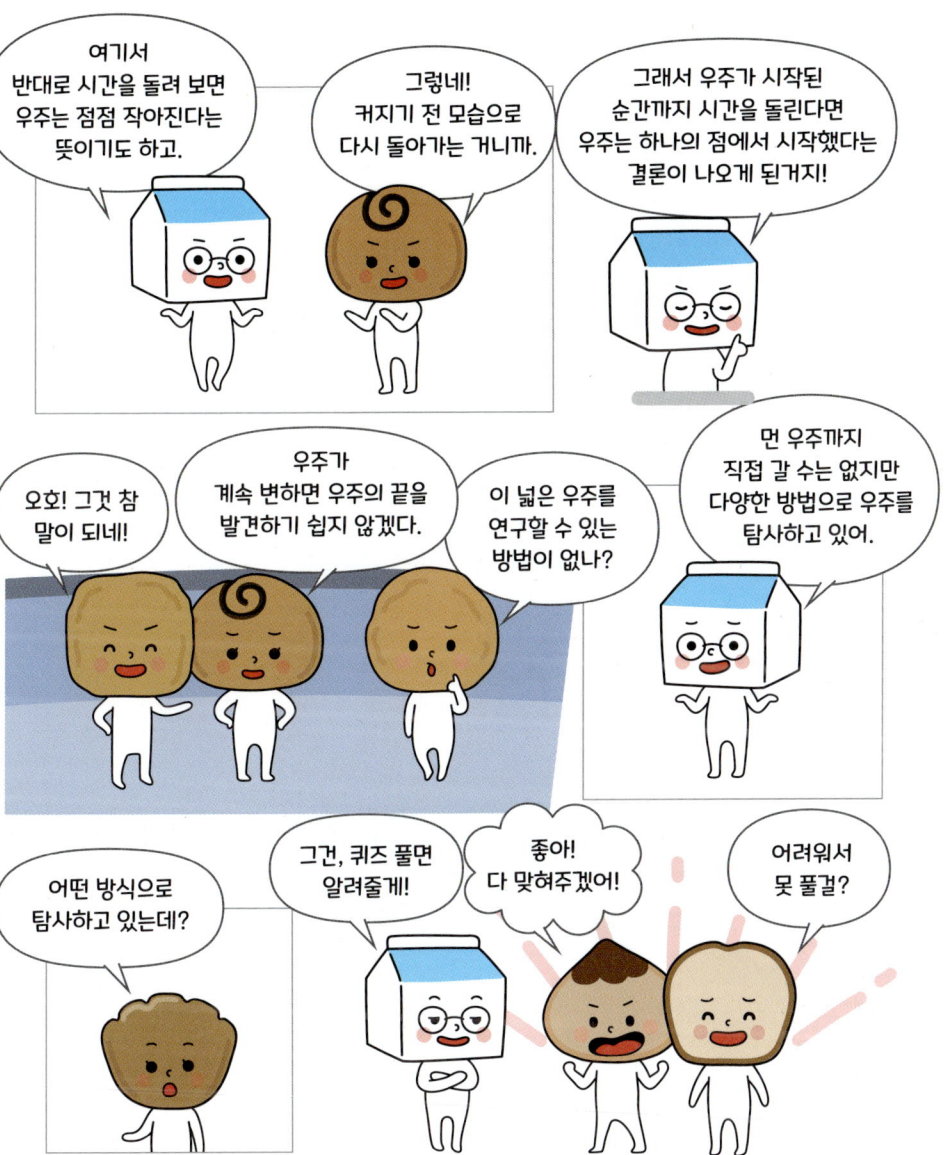

우주 관측 087

ㅈㄹ ㄹㅈ

정답:

우주 관측 088

ㅇㅎ ㅁㅈ

정답:

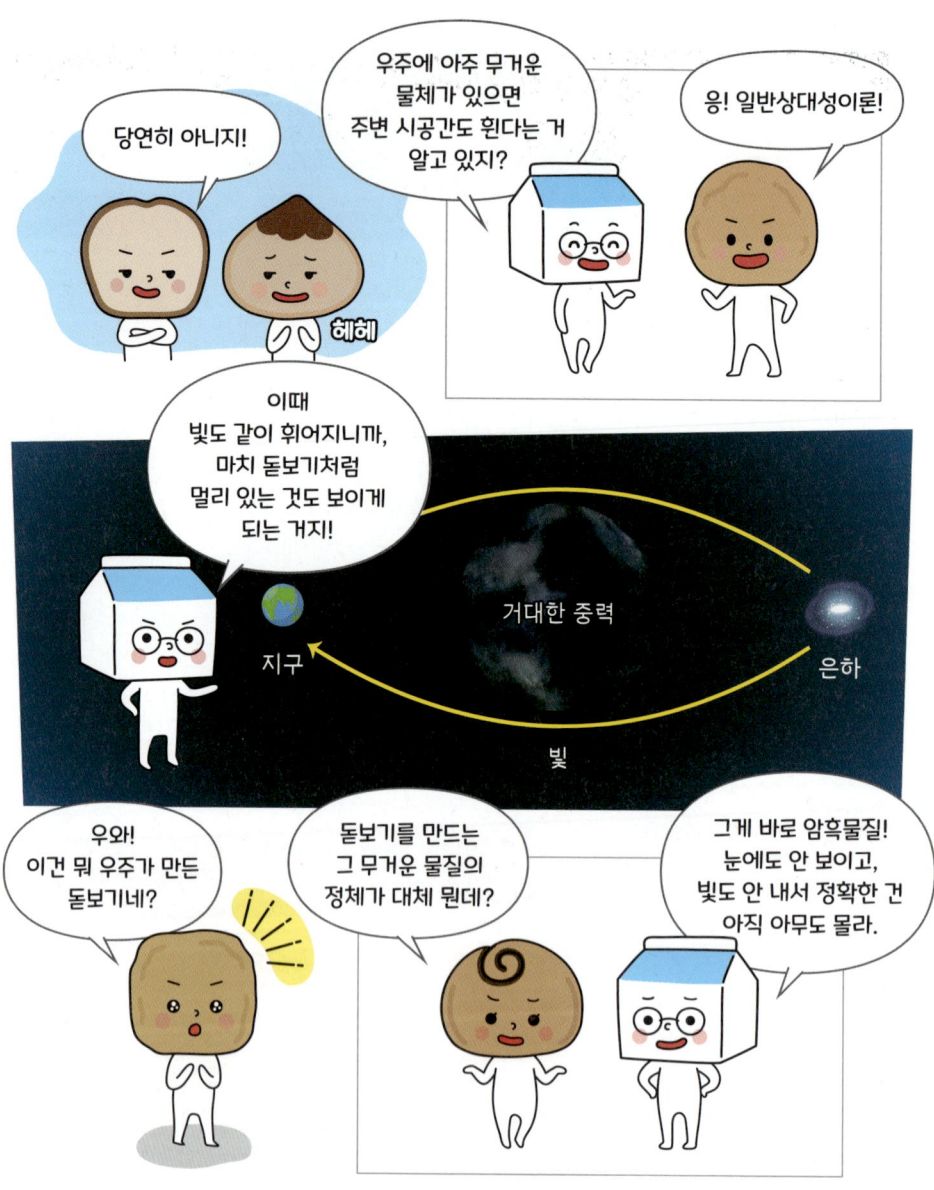

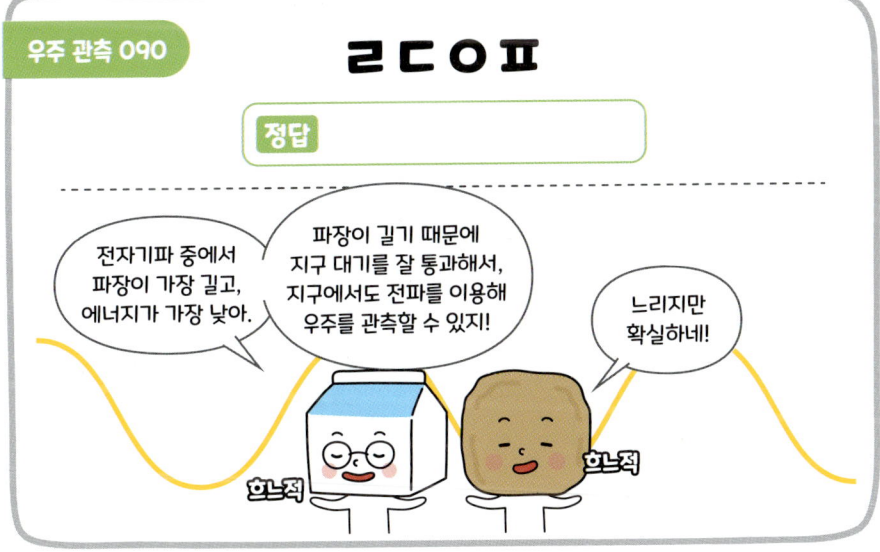

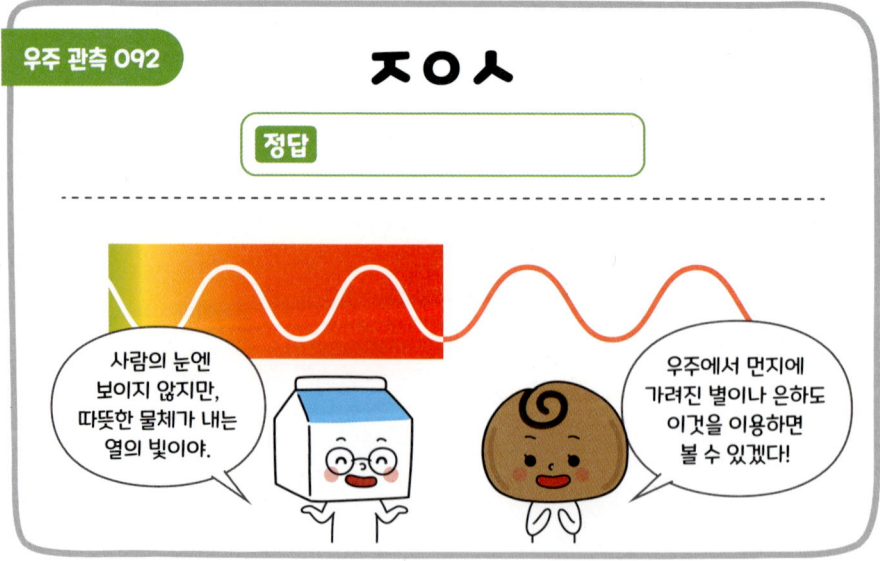

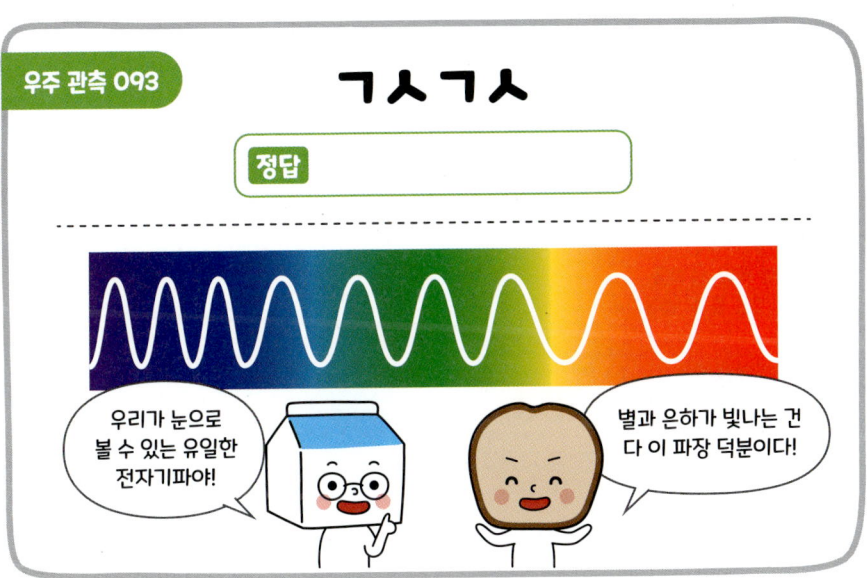

우주 관측 095

ㅇㅅㅅ

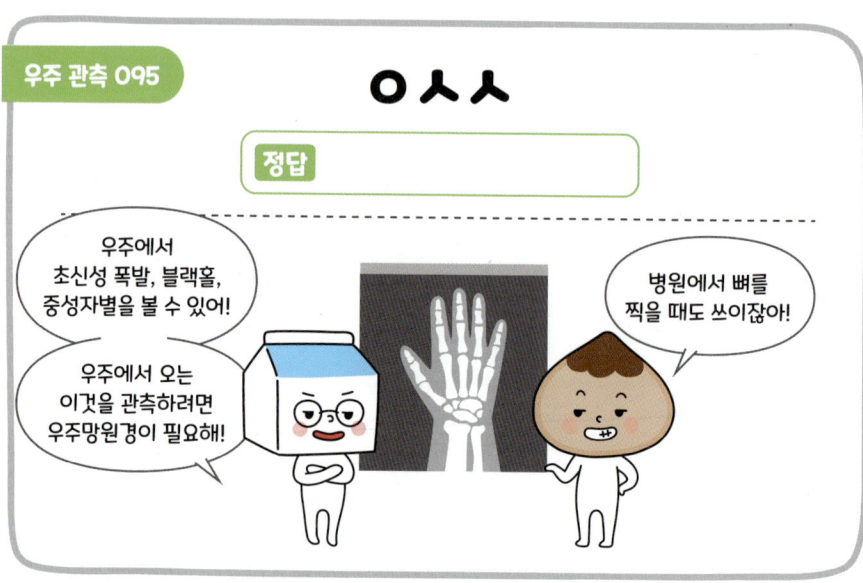

우주 관측 096

ㄱㅁㅅ

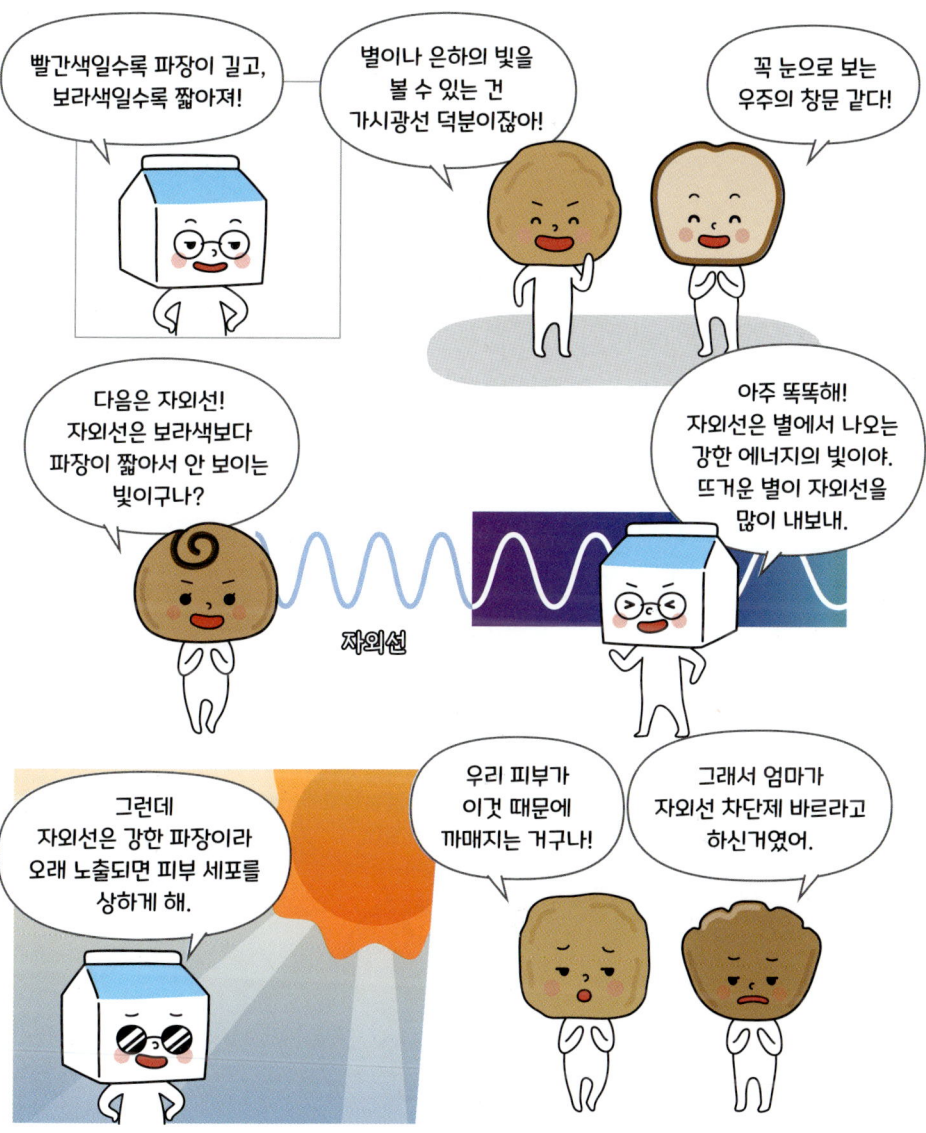

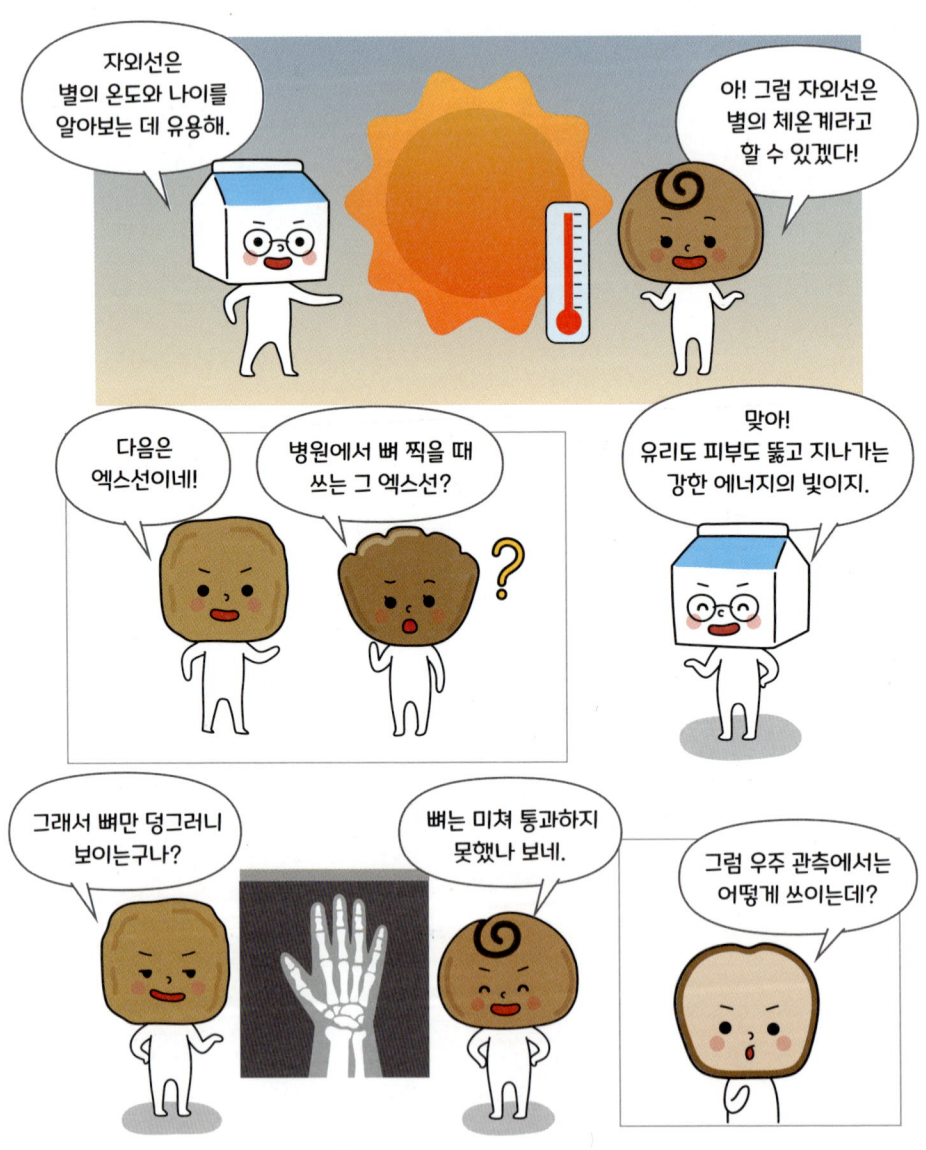

복습 OX퀴즈

문제가 어려웠다면 복습해 봐!

보너스 퀴즈 073

우주는 백뱅에서 시작되었다.

보너스 퀴즈 074

우주는 계속 팽창하지 않고 가만히 멈춰 있다.

보너스 퀴즈 075

우주 팽창을 발견한 사람은 에드윈 허블이다.

정답 073 : O 074 : X 075 : O

보너스 퀴즈 076

우주탐사선은 태양계 행성들을 관측하기 위해 만들어졌다.

보너스 퀴즈 077

우주탐사선은 해왕성 밖을 벗어나지 못했다.

보너스 퀴즈 078

우주망원경은 태양계 주위를 돌며 우주를 촬영한다.

보너스 퀴즈 079

우주망원경은 사람이 볼 수 없는 빛까지 감지한다.

보너스 퀴즈 080

강한 중력이 주변의 빛을 휘게 해 더 멀리까지 볼 수 있는 중력렌즈가 있다.

보너스 퀴즈 081

중력렌즈의 거대한 중력은 암흑물질이다.

정답 079 : O   080 : O   081 : O

보너스 퀴즈 082

암흑물질은 어두워서 망원경으로 흐리게 보인다.

보너스 퀴즈 083

암흑물질은 우주 물질의 85%를 차지한다.

보너스 퀴즈 084

전자기파를 통해 눈에 보이는 우주만 관측할 수 있다.

정답 082 : X   083 : O   084 : X

보너스 퀴즈 085

전자기파는 우리 눈에 절대 보이지 않는다.

보너스 퀴즈 086

전자기파 중 파장이 가장 길고 에너지가 낮은 것은 라디오파이다.

보너스 퀴즈 087

라디오파를 통해 외계인과 소통하고 있다.

정답 085 : X (가시광선 포함), 086 : O, 087 : X

보너스 퀴즈 088

마이크로파는 핸드폰 통신에 사용된다.

보너스 퀴즈 089

빅뱅 이후 남은 열의 흔적을 마이크로파로 확인할 수 있다.

보너스 퀴즈 090

따뜻한 물체가 내는 열의 빛을 자외선이라 한다.

X : 060   O : 680   O : 880   정답

보너스 퀴즈 091

적외선 망원경은 차가운 별이나 먼지를 관찰하는 데 적합하다.

보너스 퀴즈 092

사람의 눈으로 볼 수 있는 유일한 전자기파는 가시광선이다.

보너스 퀴즈 093

별에서 나오는 강한 에너지를 가진 빛은 적외선이다.

정답 091 : O 092 : O 093 : X

보너스 퀴즈 094

적외선은 파장이 강해 피부를 상하게 한다.

보너스 퀴즈 095

엑스선은 피부와 뼈까지 뚫고 지나간다.

보너스 퀴즈 096

가장 강력한 에너지를 가진 감마선은 절대 사람에게 사용해서는 안된다.

정답: 094 : X, 095 : X, 096 : X

바로 알고, 바로 쓰는
『빵빵한 어린이 맞춤법』

글 : 현상길
그림 : 박빛나

이 「빵빵한 어린이 맞춤법」은 어릴 때부터 바른 우리말을 잘 알고 쓸 수 있도록 도움을 주기 위해 만들어졌습니다. 이 책은 어린이들에게 우리의 일상생활에서 많이 쓰이면서도 자주 틀리거나 헷갈리는 어휘들을 한글 맞춤법에 맞도록 올바로 알게 하고, 곧바로 쓸 수 있게 도와줄 것입니다. 또한 모든 공부의 기초가 되는 어휘력을 향상시켜 학습에 자신감을 심어 줄 것입니다.

이 책은 일상생활에서 많이 틀리거나 헷갈리는 우리말 어휘 120개를 엄선하였습니다. 그리고 이 어휘들을 아이들의 가정생활이나 학교생활 등에서 실제로 활용하는 장면을 재미있는 그림으로 보여 주고, 어휘의 뜻과 풀이를 달아 주어 누구나 쉽게 익힐 수 있도록 내용을 편성하였습니다.

■ 이 책의 좋은 점
- 아이들과 친근한 '빵'과 관련된 캐릭터가 등장함으로써 책과 쉽게 친해지게 됩니다.
- 아이들의 일상생활 장면을 통해 틀리거나 헷갈리는 어휘를 올바로 알고 쓸 수 있게 됩니다.
- 모든 공부의 기초가 되는 어휘력 향상을 통해 쓰기 학습에 자신감을 심어 줍니다.
- 가족 간의 자연스러운 대화를 통해 바른 인성을 기르는 데에도 도움을 줍니다.

바로 알고, 바로 쓰는
『빵빵한 어린이 관용어』

글 : 현상길
그림 : 박빛나

이 『빵빵한 어린이 관용어』는 어릴 때부터 우리말의 표현법을 잘 알고 쓸 수 있도록 도움을 주기 위해 만들어졌습니다. 이 책은 어린이들에게 우리의 일상생활에서 많이 쓰이는 관용어들의 뜻을 바르게 알고, 곧바로 쓸 수 있게 도와줄 것입니다.

이 책은 일상생활에서 많이 쓰이는 우리말 관용어 120개를 엄선하였습니다. 그리고 이 관용어들을 아이들의 가정생활이나 학교생활 등에서 실제로 활용하는 장면을 재미있는 그림으로 보여 주고, 관용어의 뜻과 풀이를 달아 주어 누구나 쉽게 익힐 수 있도록 내용을 편성하였습니다.

■ 이 책의 좋은 점
- 아이들과 친근한 '빵'과 관련된 캐릭터가 등장함으로써 책과 쉽게 친해지게 됩니다.
- 아이들의 일상생활 장면을 통해 관용어들의 사용법을 올바로 알고 쓸 수 있게 됩니다.
- 모든 공부의 기초가 되는 우리말 어휘력과 말하기 표현력을 향상시켜 줍니다.
- 가족 간, 친구 간의 자연스러운 대화를 통해 바른 인성을 기르는 데에도 도움을 줍니다.

바로 알고, 바로 쓰는
『빵빵한 어린이 초성퀴즈』

스토리 · 그림 : 박빛나
감수 : 현상길

『빵빵한 어린이 초성퀴즈』는 학습의 기초인 어린이들의 어휘력, 사고력, 상식 및 표현력을 길러 주기 위해 만들어졌습니다. 이 책을 통해 어린이들은 스스로 재미있는 초성 퀴즈 게임을 통해 풍부한 어휘력을 기를 수 있으며, 그 과정을 통해 자연스럽게 사고력을 키우고 폭넓은 상식도 익힐 수 있게 됩니다.

이 책에는 동·식물, 음식, 전통문화, 역사, 위인, 명승지, 과학기술, 가족, 사회 등 폭넓은 어휘 문제들과 끝말잇기, 상식 문제들이 수록되어 있습니다. 또한, 여행 체험 속에서 이루어지는 '레이스 게임'으로 스토리가 짜여져 있어서, 아이들은 스스로 여행하는 기분과 함께 게임에 직접 참여하는 즐거움을 맛볼 수 있게 됩니다.

■ 이 책의 좋은 점
- 어린이들과 친근한 '빵'과 관련된 캐릭터들이 등장하여 책과 쉽게 친해질 수 있습니다.
- 가정, 사회, 문화, 세계, 과학, 동식물 등 다양한 초성 퀴즈를 재미있게 풀 수 있습니다.
- 모든 학습 기초가 되는 폭넓은 어휘력, 사고력, 상식을 길러 줍니다.
- 여행 체험을 통해 바른 인간관계와 올바른 가치관의 형성에도 도움을 줍니다.

바로 알고, 바로 쓰는
『빵빵한 어린이 경제퀴즈』

글 · 그림 : 박빛나

어린이들의 경제교육이 매우 중요한 시대입니다. 어린이도 소비자로서 어른과 마찬가지로 엄연한 경제 주체이기 때문이지요. 그러므로 어린이들이 돈의 가치를 바르게 이해하고, 어떻게 관리해야 하는지 배우면, 자신이 성인이 되었을 때 재정에 관해 올바른 결정을 내릴 수 있게 됩니다. 『빵빵한 어린이 경제퀴즈』는 어린이들 스스로 예산 세우기, 저축, 소비 우선순위 결정하기 등과 같은 기초적인 재정 관리 능력을 키울 수 있도록 돕기위해 기획하였습니다.

경제의 기본 개념과 함께 금융기관의 역할을 설명하고, 돈을 어떻게 관리해야 하는지에 대한 실질적인 조언을 제공하고, 국제 무역과 세금의 의미를 소개하여 어린이들이 세상과 연결된 경제적 환경 속에서 자신의 역할을 이해하고 성장할 수 있도록 돕습니다. 경제 상식을 통해 어린이들이 더 나은 소비자가 되는 방법을 배우고, 문제 해결 능력과 창의성을 발휘할 수 있도록 도와줍니다.

■ 이 책의 좋은 점
- 경제의 기본 개념과 중요성을 이해하는 데 도움을 줍니다.
- 같은 금융 기관의 역할과 작동 방식에 대해 다룹니다.
- 돈 관리에 대한 조언과 예산 세우기, 저축 방법을 설명합니다.
- 국가 간의 경제적 상호 작용과 무역에 대해 소개합니다.
- 세금의 의미와 용도에 대해 설명, 왜 세금을 내야 하는지 이해시킵니다.
- 일상 생활에서 유용한 경제 지식을 소개하고, 경제적인 결정을 내리는 데 도움을 줍니다.
- 어린이들이 경제에 대한 기본적인 이해를 갖추고, 자신의 재정을 관리하며, 경제적 상황에 대응하는 데 필요한 기초를 제공합니다.

바로 알고, 바로 쓰는

빵빵한 어린이 초성퀴즈 2
우주과학편